A peu pel Comtat i la Marina

Josep M. Espinàs

A PEU PEL COMTAT I LA MARINA

EDICIONS
La campana

1a. edició: maig de 1998

Edicions La Campana
Balmes, 65, 4rt., 1a. - 08007 Barcelona
Tel.: 934 35 16 65 / Fax: 934 51 89 18

Disseny de la coberta: Helena Batet
Fotografia coberta: Sebastià Alquézar

ISBN: 84-88791-55-0
Dipòsit legal: B. 23.883 - 1998
Fotocomposició: EdiGestió (Barcelona)
Imprès a Romanyà/Valls. Capellades (Barcelona)

A l'Olga, en Josep i la Gemma, que fan camí de fills, que és un camí de llibertat. Estimant-los en les seves diferències.

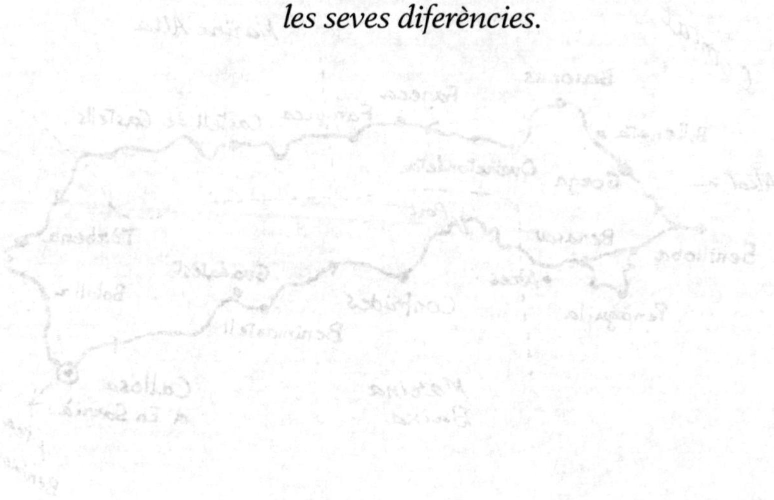

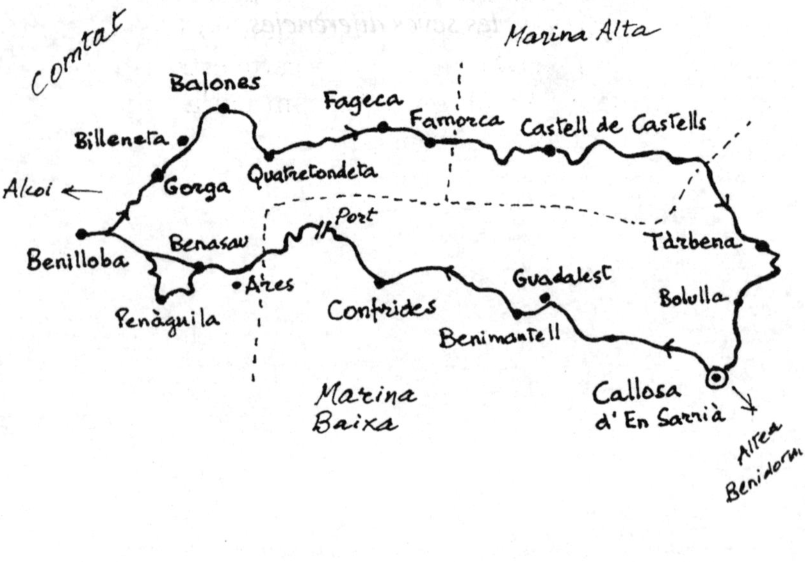
Comtat
Marina Alta
Balones
Fageca
Famorca
Castell de Castells
Billeneta
Quatretondeta
Alcoi
Gorga
Port
Benilloba
Benasau
Tàrbena
Guadalest
Ares
Bolulla
Confrides
Penàguila
Benimantell
Marina Baixa
Callosa d'En Sarrià
Altea
Benidorm

PRÒLEG

L'origen, ja una mica llunyà, d'aquest llibre és una carta que vaig rebre el setembre de 1990, una carta una mica desagradable però que després m'ha estat molt útil. Un lector em deia que no entenia com, a l'*Avui*, jo havia mostrat una certa estranyesa en veure que a l'Alt Maestrat tothom parla català. «La teva ignorància en aquest punt em confirma que a tots plegats encara ens queda molt per conèixer. Com que no sortim mai de casa!» D'una banda, jo he sortit bastant de casa, em sembla, i de l'altra vaig ser jo qui va quedar sorprès davant la convicció del lector: que jo ignorava que a l'Alt Maestrat s'hi parlés català. Com podia creure que jo no sé on es parla català? No tinc aquell diari a mà, però al llibre del meu viatge a peu per l'Alt Maestrat el fet s'explica ben clarament: «els homes i les dones d'aquests pobles —tot i que jo era un foraster anònim— *se m'han adreçat* sempre en valencià. Abans de saber quina era la meva llengua». Si el lector s'hagués adonat que jo assenyalava l'ús espontani del valencià amb un desconegut —iniciativa menys freqüent a la ciutat de València—, s'hauria estalviat renyar-me.

Però en aquella carta hi havia, a més, un suggeriment molt atractiu: una passejada pel que el meu comunicant en deia «les muntanyes d'Alcoi». Fins i tot em detallava el possible itinerari, que començava i acabava a Benimarfull. Això em va dur a mirar el mapa. I em va semblar que, efectivament, el sud del País Valencià podia ser —després d'haver caminat pel nord— un escenari esplèndid. Dels catorze pobles que em citava el lector només vaig retenir-ne, finalment, tres: Balones, Gorga i Billeneta. Vaig preferir dibuixar un circuit més cap a llevant, que em permetia pujar per la vall de Guadalest, parallelament a la poderosa i llegendària serra d'Aitana, i tornar per la vall de Seta, per veure de prop la Serrella més espectacular. Però és just fer constar que sense la carta de Josep Llorens segurament no hauria pensat a fer el viatge que narro en aquest llibre.

L'itinerari segueix aquests pobles: Callosa d'En Sarrià, Guadalest, Benimantell i Confrides (Marina Baixa); passat el port de Confrides: Benasau, Penàguila, Benilloba, Billeneta, Gorga, Balones, Quatretondeta, Fageca i Famorca (el Comtat); i després de Castell de Castells (Marina Alta), retorn a la Marina Baixa: Tàrbena, Bolulla, Callosa d'En Sarrià. Les denominacions Marina Alta i Marina Baixa són oficials i populars alhora, però al meu parer gens encertades. Sembla que la Marina Alta sigui una comarca més enlairada sobre el nivell del mar, i no és així; al contrari, a la Marina Baixa és on hi ha les serralades més altes. De fet, aquests adjectius volen dir «més amunt» i «més avall» si mirem el mapa. Septentrional i Meridional serien denominacions més adequades, però són expressions de cultura geogràfica que no he sentit enlloc. Tampoc la del nord i la del sud. De manera que respectaré la Marina Alta i la Marina Baixa com a fet lingüístic, que sempre són preferibles a la marca publicitària «Costa Blanca» que a vegades es vol introduir en els pobles de l'interior, fins i tot els que estan amagats entre les muntanyes més altes del país.

Quant al Comtat, és una comarca de la regió de Xàtiva, voltada de muntanyes. El nom prové de l'antiga baronia de Cocentaina, que l'any 1448 esdevingué comtat. Tant al Comtat com a la Marina, el fet històric decisiu és l'extensa població musulmana en el segle XV, i l'expulsió (1609) va provocar una desertització general, que no quedà compensada fins al cap d'un segle i mig. Aquest llibre no ha de ser una crònica històrica però els vestigis d'una llarga i intensa influència morisca —en els noms geogràfics, en alguns costums— m'atreien també per fer el viatge.

En bastants dels pobles on pensava aturar-me no hi ha fonda. Vaig fer saber a Eliseu Climent la meva preocupació i li vaig demanar si coneixia algú, en els punts de l'itinerari on jo no trobaria llit, que em pogués llogar una habitació. Un dia va telefonar a l'editorial Jordi Vayà, per explicar a Isabel Martí quina solució havia previst per a cada lloc. Donava noms i telèfons. Abans que jo sortís, la Isabel va concretar a cada un dels noms de la llista quin dia arribaria a aquell poble i tot va anar perfectament. He d'agrair a Llúcia Casanova, a Glòria

Massanet i a Mariló Moncho la seva generosa hospitalitat, i a Jordi Vayà no tan sols la seva eficàcia sinó la seva elegant discreció.

És trist que aquest any ja no pugui comentar aquest viatge amb Joan Coromines. He pensat en ell cada vegada que sentia algú que utilitzava una especial paraula o fonètica valenciana. Li hauria agradat saber que aquí encara hi ha molta gent que no diu comprar, sinó *crompar*...

He tornat a tenir com a company de viatge en Sebastià Alquézar. Pocs mesos abans havia tingut un infart, però no desistí d'acompanyar-me. L'única diferència amb els viatges anteriors és que, aquesta vegada, fèiem ocasionals parades de dos minuts en les pujades més dures. Espero que el seu metge, el doctor Trullà, presenti aquest llibre com una ponència positivament significativa en algun congrés de cardiòlegs.

Aquest és el llibre que fa deu en el capítol de la meva literatura de viatges. Aquests deus volums potser ja poden ser vistos com una aportació modesta però fins ara inexistent —per la intenció i la continuïtat— en la producció literària catalana. És un material que es podria adscriure a la literatura de l'observació, i de la interpretació, d'espais físics i de personatges anònims, però també, penso, constitueix un gènere narratiu. Al llarg d'aquests llibres he procurat progressar en l'exercici d'un estil que, amb el pas dels anys —i amb la feliç desaparició del gust adolescent pel que «fa bonic»—, aspira a una precisió i a una composició narrativa allunyades de qualsevol pretensió efectista. Un model que faci compatible sobrietat i tensió és el meu ideal —però els ideals sempre caminen més endavant que nosaltres, i l'única cosa que podem intentar és no perdre'ls de vista.

J. M. E.

Escrit davant els pins d'Argentona i el golf de Roses.
(Casa de Joan Rectoret. Hotel Almadrava.)

PRELUDI A CALLOSA D'EN SARRIÀ

Arribada i fonda

Gairebé cinc-cents quilòmetres d'autopista m'han dut al peu de la serra de Bèrnia, enormes penyals que triangulen agressivament l'aire, cel amunt, i avanço per l'estret que, als seus peus, m'obre pas cap al sud. I de sobte veig el mar.

La temperatura és de 36 graus, la calitja densa desdibuixa l'aparició d'Altea, un mur compacte edificat seguint la línia del litoral baix, i una platja que des de l'altura per on encara circulo sembla amplíssima i plena de gent. El sol és enlluernador. Una mica més enllà, les infinites torres d'apartaments de Benidorm, el Manhattan que es van inventar ja fa anys els funcionaris madrilenys —jo ho vaig viure— i que ara és la meca a la qual peregrinen, anualment i en massa, els nòrdics que fan vacances.

Surto de l'autopista, i en comptes d'agafar el camí del mar agafo el de la muntanya, i potser els holandesos del cotxe que em venia al darrere pensen que m'equivoco. De tota manera, aquests primers quilòmetres que pugen són encara turístics. Un rètol diu «Altea la Vella», aquí hi havia l'antic nucli de població, ara submergit en un seguit d'urbanitzacions, casetes amb jardí, algunes amb piscina i palmera, i un restaurant que es diu «Los Piratas», on ofereixen econòmics menús amb paella. Aquests pacífics forasters amb shorts assalten restaurants i no castells, com feien fa segles els corsaris d'Alger.

De pujada en pujada, el paisatge es fa més rural, s'acosta als ulls la poderosa serra d'Aitana, l'aire és més clar, cap aquí dalt. Menys de caramel enganxós. Potser és la dura serralada de roca nua la que equilibra el color de l'aire amb una mica de lila, una mica de gris, i tot es va perfilant d'una manera progressiva, detallada, desenteladora. A deu quilòmetres, Callosa d'En Sarrià.

Callosa es troba en el punt de confluència de dues valls, la de Guadalest i la del riu Algar, o de Tàrbena. A menys altitud (uns 260 m) que els altres pobles on aniré, és una vila repartidora de camins i es troba en la ruta d'Alcoi a la marina de Benidorm. Dels deu mil habitants de les dues valls, gairebé set mil es concentren a Callosa. Aquest serà el punt de partida —i d'arribada— del meu itinerari circular. Callosa —del llatí *villa callosa* («en terra de dura consistència»)— té cognom: d'En Sarrià. En Bernat de Sarrià era un alt funcionari reial, al servei d'Alfons II de Catalunya-Aragó. Als vint anys, ja havia fet incursions agosarades a Sicília, Calàbria, Nàpols i havia conquistat Capri. Com a recompensa, li fou concedit el domini de Callosa i altres territoris. Després lluità contra els corsaris a l'Àfrica i Jaume II el nomenà almirall. El testimoni literari més il·lustre de Callosa d'En Sarrià es troba en el famós *Spill* de Jaume Roig, que a mitjan segle XVI fugia de València i de la pesta i es refugiava a Callosa: «Trobant-me en aquesta vall, / Callosa, per los morts fuyt, / ociós, trist, sense fruyt / empès he, no sens treball, / de dones escriure llur tall».

Si el poeta valencià va escriure aquí, amb implacable i brillant mordacitat, de les dones en general, jo he de ser respectuós amb les tres dones que m'acullen a la fonda Galiana, Teresa, Carmen i Rosa, que fan que funcioni l'establiment —com tantes dones que fan que funcionin les coses més bàsiques i quotidianes del país. La Teresa m'ha dit: «Mon pare era llauraor i ma mare molt faenera». Les tres dones que avui porten la fonda Galiana han seguit el mateix camí: «de molt jovenetes ens van treure d'estudi i a treballar».

No em pregunten pas què vull, per dinar: Ni jo els pregunto què tenen. Em portaran el primer plat que toca, avui, i aquest és el primer senyal que, efectivament, he començat un nou viatge a peu: ha començat un nou període de no prendre decisions. La capacitat de tria reduïda al mínim. Immersió incondicional. Intentar ser admès en la rutina dels altres. Viure i callar. Durant aquests dies, gairebé l'única opció que hauré de fer serà la beguda, perquè em preguntaran: «I què vol beure?», i la resposta serà la que trobaran més natural: «Vi amb llimonà». I em portaran el vi que també toca, que en aquest cas és el vi Pastor, que no diu d'on ve, però que —per si puja un turista des d'Altea— es presenta com a «*exquisite table wine, exquis vin de table, Auserlesener Tischwein*» i perd l'«exquisit»

—potser per pudor davant els consumidors locals— quan diu «vi de taula / vino de mesa».

En una taula hi ha una parella que té un aire estranger, i la Teresa m'ho explica: «Són de Callosa, però francesos». És la primera imatge que tinc de l'emigració, dels callosins que tornen per vacances.

Pregunto a una de les dones de la fonda quin carrer he d'agafar per anar a l'església. La mestressa alça el braç i assenyala un punt de la paret de l'esquerra i diu: «Han de tirar per aquí». És impossible, penso, perquè en aquella direcció hi ha l'entrada a Callosa, el carrer que hem seguit fins a la fonda, i l'església ha d'estar més amunt. Aleshores m'adono que no m'indica la direcció real sinó que assenyala una magnífica fotografia antiga de la plaça de Callosa que han emmarcat i penjat a la paret. S'hi veuen cases que ja no existeixen, tres homes que estiren les mules.

Li demano una altra orientació i també me la dóna de cara a la foto. La fotografia antiga és la referència de tot. No goso preguntar-li el camí per arribar a la foto —és a dir, a la plaça.

Passeig fins al Calvari

La Callosa antiga té estructura d'ensaïmada, uns carrers circulars tallats per uns altres que són pendents. Es tracta, doncs, de passejar-hi a poc a poc, pujant i baixant, i anar-se menjant el pastís urbà a triangles. És el passeig inicial del viatge i entro en una llibreria i compro *El Periòdic*, que sembla un diari però que deu ser trimestral, perquè aquest exemplar és del mes de maig i avui és el primer d'agost. És «independent, valencià, comarcal i democràtic». Pregunto al venedor si tenen llibres sobre Callosa, i em diu que no. «És que m'interessaria molt un que va publicar Adolfo Salvà, l'any 1960.» Joan Coromines el cita amb elogis. «No.» L'Ajuntament és a prop i repeteixo la pregunta. Tampoc tenen el llibre, però em diuen que potser el trobaré a la impremta. «És pacallà, veurà una porta de vidre.» Al carrer de Sant Vicent, a les Gràfiques Gregori, m'atén una noia amable i activa que es diu Patro. «Este llibre el tenim en dos volums o en un, si vol els ensenyo.» És la tercera edició, i l'han imprès aquí. No entenc perquè aquest llibre només es pot comprar a la impremta, però jo no he de fer preguntes temeràries de foraster. El que he de fer és pagar, i quan surto de la impremta la noia també ho fa, apressada. Se'n va a comprar nocilla per farcir les almojàbenes —o monjàbenes?—, que és un dolç que fan ells, «una pasta com la del palo català».

Passo pel carrer Calentet, i seguint el laberint costerut uns rètols em porten a la Galeria Arrabal. Empenyo la porta i em trobo en un gran espai, els baixos d'una casa, o la suma, potser, de cases diverses, que incita a endinsar-s'hi i explorar els racons. No hi veig ningú. Hi ha pintures a les parets i curioses peces escultòriques, però l'aire no és de sala d'exposicions, sinó d'una casa privada d'un col·leccionista. Sento passes, al fons. Surt una senyora, alta, ja no és jove, amb un punt d'elegància d'artista de casa bona que em fa adonar de la precarietat amb què em presenten els meus shorts i la meva samarreta. Ens diu, amablement, que mirem i remirem. Entre els autors de les obres hi ha molts noms germànics: Eckhardt, Hacker, Insinger, Klaidmann, Schindehütte... La senyora es diu Imme Reich i em dóna una targeta del seu marit: Fritz Heinrich van Ankum-Emmelkamp. El seu marit no hi és, ara, té un taller d'artista en una casa a la muntanya, prop de Polop, on exposa les seves pintures i escultures.

La parella va arribar al País Valencià fa trentacinc anys, i han tingut motius per lamentar la falta de respecte a l'hora de construir, i la progressiva gentada, «però encara descobrim racons, i ens hi hem quedat». Realment, aquesta casa és més que un racó, és un casal de tres plantes, dedicades a estudi, a habitatge i a galeria d'art, una magnífica casa de Callosa en el barri més antic i popular, que han restaurat amb devoció conservant els materials tradicionals. M'ha de deixar perquè la porta s'obre i entra una parella que saluda en alemany. No tenen l'aspecte de turistes, sinó de gent que també s'ha instal·lat en un poble d'aquest rodal. La senyora Imme Reich se'n va a ensenyar-los una figura articulada de bronze de la seva col·lecció i en Sebastià i jo abandonem la delicada penombra, els llums discrets, el silenci de l'aire d'aquesta casa i rebem, al front, el cop de puny del sol de l'agost, que ens torna a la realitat i a nosaltres mateixos.

No gaire lluny hi ha el Calvari. Com en tants pobles valencians, s'ha aprofitat un turó per obrir-hi un camí en ziga-zaga, plantar-hi xiprers i, muntanya amunt, el seguit d'estacions del Via Crucis. A l'arrancada del Calvari hi ha una casa, amb una família al carrer, que sembla gitana. Cada capelleta té una fornícula i a la paret del fons unes rajoles les han enguixat de nou no fa gaire, i amb tanta generositat o rapidesa que el guix ha invadit part de les rajoles i els personatges sagrats tenen taques de guix per tot arreu. En una de les primeres estacions, una sorpresa deliciosa. En el forat, descansant en la repisa, davant l'escena evangèlica, una gàbia amb un ocell. Els gitanos han pensat que era el millor lloc per protegir l'ocellet del sol que cau. L'ocell, agraït, refila el parenostre més alegre que he sentit mai.

Arribat al cim del Calvari, la segona sorpresa: el mar. D'aquí estant es veu la costa a deu quilòmetres, una franja d'un blau reverberant, milions de minúscules bombolles de llum que esclaten cada segon allà baix, la terra baixa turística i calenta. Aquí, el contrast de l'esquena dreta de la serra d'Aitana, i les arestes excitades de la Serra Bèrnia, que imposa sobre Callosa més que una massa física; aquí s'han petrificat els records de la història medieval i les llegendes africanes de la Marina. Des del cim d'aquest Calvari busco els camins pels quals van arribar l'any 1300 els homes de Bernat de Sarrià a repoblar Callosa, els mateixos que seguien els moriscos que emigraven cap a Alger. Camins de calvaris sense la indulgència d'un cant d'ocell.

Moros, cristians i injúries

Els historiadors tenen feina a investigar què va passar aquí durant «els segles dels moros». Ja he dit en el pròleg que aquesta narració del meu pas per la Marina i el Comtat no es pot empeltar de crònica històrica. Però des de l'altura del Calvari he vist tan propera la costa d'Altea que he comprès que els moros que hi desembarcaven pugessin ràpidament per la vall i saquegessin Callosa. Benidorm estava llavors deshabitat i a Altea només hi havia set cases, on precisament els moriscos esperaven l'arribada dels corsaris per anar-se'n a Alger. El 24 de juliol de 1584 van arribar a la platja d'Altea vint-i-quatre vaixells de corsaris d'Alger. L'aparició dels corsaris era avisada amb una cadena de fogueres, la primera s'encenia en aquesta serra d'Aitana —la més alta del País Valencià—, que demà seguiré de prop, i li responien altres fogueres, de cim en cim, terres endins.

No és estrany veure, en una plaça de Callosa, un local espaiós amb aquest rètol: «Societat Moros i Cristians», i un esplèndid prospecte municipal fa saber que aquestes festes populars se celebren en el mes d'octubre a honor de la Mare de Déu de les Injúries. (L'Ajuntament de Callosa s'esforça a concretar la capitalitat de la vila entre els pobles de la vall de Guadalest i la de Tàrbena; ha creat centres culturals, com la Casa de la Música i un pavelló esportiu cobert, edita mapes de camins i fonts de la zona, fa promoció de les Fonts de l'Algar —a tres quilòmetres— com a paratge natural. L'intent d'atraure els turistes de platja és comprensible.) El que em sorprèn és que hi hagi una Mare de Déu de les Injúries. Quines injúries? Salvà relaciona aquesta imatge amb el convent dels caputxins, on la Verge del Remei va rebre aquest nom. El motiu: uns turcs que havien fet una incursió a Callosa van treure la imatge de l'església, la van arrossegar pels carrers i li van clavar una colla de ganivetades en el lloc on més tard s'edificaria el convent. La imatge, que havia quedat en un estat deplorable, no va tornar a l'església, sinó que la van guardar en una casa particular, on passà de pares a fills. Fins que, en edificar-se el convent, un capellà proposà que fos venerada en l'indret on havia estat injuriada. Fou enviada a mossèn Pere Bas, que també era escultor, «a quien encargué que, por amor de Dios, me compusiese aquella Santa Imagen lo mejor parecido, y como era tan pío y devoto, se encargó de todo y salió hermosísima, porque parece que María Santísima le gobernó las manos para el acierto».

En un bar he preguntat on era el convent. M'han dit que ja no hi és, que l'havien deixat arruïnar i que finalment ha estat enderrocat. En aquell espai hi han fet un bloc de pisos. L'home que m'ho explica ho troba malament. Ho vaig a veure i ben a prop trobo la plaça del Convent, segons el rètol. En efecte, de convent no n'hi ha cap. El nom també es conserva en el «Bar del Convent». El bloc de pisos és d'un volum considerable i pregunto què se n'ha fet de la Mare de Déu de les Injúries. Em diuen que és a la capella. I on és la capella? «Allà.» Amb molt poca fe me'n vaig cap «allà». En un costat del bloc, en uns baixos, hi ha una porta amb una petita imatge pintada. Això deu ser la capella. Està tancada. Als balcons del damunt, hi ha una tovallola de bany penjada a assecar i uns veïns paren la fresca. La Mare de Déu de les Injúries ho aguanta tot.

La festa que m'estova

Faig una volta pels carrers curts i desnivellats a banda i banda del carrer Major. «Carrer Major de Callosa, / quantes voltes t'he passat / a mitjanit i a deshora, / que poc m'has aprofitat!» Què devia voler dir qui s'ho va empescar? No hi va veure mai, a la porta o a la finestra, la noia que volia? Torno ben aviat, inevitablement, a la plaça de les Quatre Carreteres, que ja no és la plaça de poble amb homes i mules de la foto de la fonda. En aquest repartidor de cotxes hi ha ara un autocar, on acaben de pujar turistes, i que ara tornaran cap a Altea o Benidorm. «No sé què parlaven», diu un home al meu costat. «Francès no ho era.» Cada any passa més gent amb accents que no s'han sentit mai.

A Callosa han fet un parc esplèndid que en diuen plaça del Llaurador, amb un mirador estratègic sobre la costa. Arbres, bancs, un estanyol. Si no hagués preguntat no sé què a una dona no hauria sabut que, una mica més amunt, és a punt de començar la festa dels vells. I me n'hauria anat cap a la fonda. La festa és un concert que es fa a la Llar de la Tercera Edat, un edifici nou, molt espaiós, que és al capdamunt d'un carrer molt pendent. Alguns vells hi arriben amb cotxe, els porten a la festa els fills, o els néts. A la porta s'ha reunit molta gent. Hi ha una dona somrient que saluda i convida a passar tothom qui arriba. Ens veu i ens diu: «Passen, passen!». Em sento intrús fins que en Sebastià m'assenyala el rètol de la Llar. Sí, tinc setanta anys i els cabells absolutament blancs. La dona que rep la gent ens presenta una senyora que és a prop: «Esta senyora cantarà». Ah, magnífic. Prop de l'entrada, en un racó, un home afina una bandúrria.

I arribem a la sala gran, molt gran, plena de cadires, que es va omplint ràpidament, i algú s'entreté bevent un refresc al taulell del bar que hi ha al fons. Les dones —més dones que homes—duen uns vestits d'estiu que fan festa i uns pentinats que semblen acabats de fer. A l'esquerra de la sala hi ha una vintena de cadires reservades per als músics, amb faristols i partitures. Abans de seure prop d'un finestral, m'acosto a tafanejar: la primera partitura que hi ha als faristols, oberta, és *Lisboa antiga*.

Fa una mica de calor, aquí dins, i les dones es venten, però encara que no fes calor es ventarien igual.

L'espera em permet observar que no tothom es venta de la mateixa manera. Hi ha tres tècniques perfectament diferenciades: ventar-se amb el ventall aguantat verticalment davant la cara, amb la qual cosa l'aire es projecta cap als costats; fer-ho amb el ventall horitzontal, que demana més flexió de canell i en aquest cas l'aire va del nas cap a l'escot; i algunes senyores utilitzen el tercer estil, que és ventar-se batent cada vegada el ventall contra el pit.

Em pregunto si això de ventar-se és una necessitat que es basa més en l'edat que en la calor, perquè les senyores es venten gairebé totes, mentre que les noies joves que es venten són molt poques, i encara no estic segur que no sigui un acte imitatiu, com un gest ritual d'iniciació a l'edat madura de la feminitat. I com que els homes no es venten, algú hauria d'estudiar quina influència tenen en el costum de ventar-se la condició sexual i els factors fisiològics.

Els músics de la rondalla del Club de Pensionistes ja han ocupat els seus llocs, i una senyora es posa al seu davant per demanar un instant d'atenció. Presenta les noves integrants de la rondalla —«la Maria, la Càndida»...— i acaba amb una intel·ligent rapidesa, «res més, com que heu vingut a sentir tocar...». Grans aplaudiments.

I, efectivament, sona *Lisboa antiga*, i les senyores —són majoria— de la rondalla toquen amb una concentració molt seriosa, mirant atentament les seves partitures, amb esporàdics cops d'ull al director. Després és el torn d'un vals. La rondalla sona amb la precisió matemàtica d'una capsa de música, i les instrumentistes pincen les cordes com si estessin fent una labor, amb una continuïtat i una netedat impecables.

Després identifico *Beguin the beguin* i *O sole mio*, i a partir d'aquí apareixen les cantants, dretes davant els músics. Comencen amb *La barca de oro*, i ho fan molt bé. Entre peça i peça, esclata una intensiva ventallada general entre els músics i les cantants. Submergit en l'aire bategant d'aquesta sala —el públic arriba al centenar de persones—m'adono que jo no viuria mai coses com aquesta sense els viatges a peu. Sense arribar a pobles ignorats i sense la confiança en l'atzar, que em farà coincidir amb el que en diem els altres. Intento separar-me de mi mateix per preguntar-me què hi faig, aquí, a Callosa, un primer d'agost, entre desconeguts, però no ho aconsegueixo del tot; mentre escolto les músiques no paro de mirar la gent que també escolta, i em commou estranyament el que em sembla la innocència de viure, la seva bona voluntat, el seu sentiment de solidaritat amb una festa que s'han fet seva i que, foraster i observador, no pot ser la meva.

Quan canten les *Mañanitas*, m'adono que una senyora que tinc a prop també ho canta amb veu baixíssima. Descobreixo que no és l'única que segueix les lletres, mirant fixament les cantants de la rondalla. Com és que no canten res en valencià, si no parlen altra cosa? *Nosotros, que nos queremos tanto, debemos separarnos...* Vaig mirant cada una de les cares del públic, que semblen participar d'una comunió. Aquí deu haver-hi el fuster, la carnissera, el de la fàbrica, la vídua que el marit ha deixat arregladeta, que diuen, i ara, mirant com escolten profundament absorts, un foraster no pot distingir el carter jubilat del propietari de plantacions de nespres. *Ay, ay, ay, ay, canta y no llores...* Alguns ho entonen movent una mica el cap, i ho trobo tan bonic que m'agafa aquella sensació d'angúnia que ja conec, *porque cantando se alegran, cielito lindo, los corazones*, aquella tristesa, aquella enyorança, no sé, aquella sobtada buidor que sovint m'estova amb qualsevol música, i no és la lletra, em sembla, *nosotros, que nos queremos tanto, debemos separarnos*, o potser no és només la lletra, ara canten *reloj, no marques las horas*, sinó la música, el moment interior en què sona la música, per a mi, una vegada més, la música és aquí una trampa inesperada i una profunda mentida que *cantando se alegran los corazones*.

També he après a refer-me'n i, més tranquil, miro finestral enllà, els vespres són llargs, a l'estiu, i els penyals abruptes de la serra de Bèrnia ja són en aquesta hora més suaus, el sol que baixa va caramelitzant la pedra.

1.
DE CALLOSA D'EN SARRIÀ A BENIMANTELL

Les passejadores

He passat molta calor, aquesta nit, al llit de la fonda. Quan he tret el cap he vist que no hi havia cap núvol.

A la plaça de les Quatre Carreteres inicio el viatge que acabarà d'aquí a vuit dies en aquest mateix punt. Vindré per un dels carrers que hi donen i que té aquesta placa: «Carretera de Bolulla», que serà l'últim poble de l'itinerari i ara no sé com és.

A la plaça ja no hi ha el noi que ahir a la nit s'estava dret al costat d'una Yamaha nova, amb una mà possessiva sobre el seient, ni la noia que se'l mirava amb el cos entregirat i les mans a la cintura. La barberia és tancada. Quan anava a dormir, a les onze de la nit, encara era oberta, per si algú volia afaitar-se o tallar-se els cabells. Perquè l'endemà —avui— era dissabte.

Al mig de la plaça hi ha una font, i he llegit al diari, tot esmorzant, que l'Ajuntament ha convocat un concurs d'idees per reformar-la. Li diuen la Font dels Patos, i jo miro les figures escapçades i em sembla que no són ànecs sinó cignes. Si un dia la refan ho sabrem segur.

La carretera s'acosta, un quilòmetre darrere l'altre, a la serra d'Aitana, que serà l'alta paret, cada vegada més pròxima, a l'esquerra de la vall que m'ha de dur d'aquí a tres dies al port de Confrides, on passaré de la Marina a la comarca del Comtat. He deixat Callosa en silenci, i només he saludat una àvia matinera que escombrava davant la seva porta. «*En lo poble de Callosa / diuen que no hi ha fadrines / i el diumenge de matí / ixen com les roses fines*.» Això serà demà, doncs.

Encara tenim trams d'ombra, perquè el sol és baix i en els revolts ens el tapa la serra d'Almeida, o d'Almèdia, a la nostra dreta. La vall de Guadalest s'obre de llevant a ponent, i aquests dies serà difícil treure's el sol del damunt, perquè el seu camí coincideix amb el nostre.

No triguem a veure tres figures, al lluny, que vénen cap a nosaltres. Són tres dones, i quan ens trobem en la deserta carretera ens saludem i ens aturem. «Venim del quilòmetres tres», ens diuen. El fan cada matí, aquest passeig des de Callosa, llevat dels diumenges. Ens desitgen bona sort, i quan ens hem separat unes cinquanta passes sento un crit al meu darrere. Giro el cap. Una de les caminadores, una noia, amb el braç alçat, crida *ei, ei!*, ens aturem, comença a venir cap a nosaltres i entenc que em diu clarament: «Ei, ei, vostè no és escriptor?» Sí, què hi farem, ho sóc, i ella ho diu a les companyes: «Veieu com sí, que ho és?», i arriben fins on sóc i la noia es presenta: Raquel Beltran, estudia medicina a Alacant. «Vostè no té una filla que es diu Olga? Precisament li he dit al meu germà, que ha fet filologia catalana, que llegeixi el seu llibre sobre l'Olga.»

Em costa entendre que m'hagi reconegut i em diu que m'assemblo a la meva filla, n'ha vist el retrat al llibre, «encara que vostè té el monyo més blanc». Com que és de matí, jo encara no duia el barret de palla que em protegeix del sol i de la identificació. «Al meu germà li hauria agradat molt coneixe'l, ara és a Callosa amb mi.» Llàstima, ens hauríem pogut trobar a la vila, ahir a la tarda. Ens diem adéu altra vegada, elles *pacavall*, com diuen aquí, nosaltres *pacamunt*, el camí no deixarà de pujar aquestes primeres etapes: Callosa és a uns 260 metres i el port de Confrides, on deixarem la vall a l'esquena, s'acosta als mil.

Camí de Guadalest

Veiem una casa enrunada, abans de travessar el riu Guadalest, i a l'altra banda del pont hi ha unes edificacions que deuen ser Gines, mot provinent de l'àrab que significa els horts. No és que hi hagi plans gaire còmodes, aquí, però l'espai s'aprofita. Aquesta part baixa de la vall és plena de nesprers. Són plantacions extenses i compactes, que pugen pels vessants de les muntanyes. El mar de nesprers és impressionant, i m'havien dit a Callosa que més de la meitat de la producció estatal surt d'aquestes valls. Al voltant de Callosa, sobretot, l'espectacle és sorprenent: grans superfícies aturonades semblen paisatges apedaçats, perquè unes extenses veles cobreixen moltes plantacions de nesprers. A vegades, les veles també cauen pels costats, i milers d'arbres queden tancats en una mena de capsa monumental. Per protegir-los del mal temps, suposo, però també perquè madurin abans —o més tard, com els préssecs embossats?—, perquè la fruita fora de temporada sempre es paga més.

Des d'algun revolt ja es veu Guadalest, al centre de la vall, enfilat en la seva cresta de roca. I en un moment determinat, el ric-ric de les cigales es converteix en un estrèpit, tan continu i tan penetrant que quan troba una paret per rebotar-hi supera els decibels del carrer d'Aragó. Però aquí el soroll no el fan els motors que passen, sinó aquests milers de motorets que treballen immòbils i invisibles en la massa d'arbres. Quan un tram de camí és més pelat es fa el silenci, però tot d'un plegat, quan en un revolt tornen els pins o els ametllers, el brogit reapareix sobtadament, i a vegades m'enganyo creient que s'acosta un poderós salt d'aigua, però són les cigales, un soroll que esgarrinxa l'aire metàl·licament —és com si el sol es fes a miques minúscules i feridores.

Ara sento un altre soroll, un cotxe que puja de Callosa, un soroll realment exòtic, perquè passen molts pocs vehicles per aquesta carretera. Jo havia temut, en projectar el viatge, que aquesta carretera que va d'Alcoi a Benidorm seria un riu de cotxes, aquests dies d'agost, i caminar-hi seria incòmode. Però pràcticament és tota per a nosaltres. De manera que giro el cap, quan el cotxe ens atrapa, i veig que s'atura. A dins hi ha la Raquel, la noia que hem trobat a la sortida de Callosa, i al seu costat, un noi. El seu germà, en Vicent, el que ella ha dit que li hauria agradat parlar amb mi. Els dic que, si no els fa res, continuarem a peu fins a Guadalest, que volem acostar-nos lentament a les coses, i que podem trobar-nos a l'entrada del poble, si és que no tenen pressa.

Veig com s'allunyen. Que el camí va pujant és evident, i també s'enfilen els bancals per la serra de la Xortà, a la dreta. En aquest país són famosos els marginadors, que és com en diuen dels qui construeixen les parets de pedra seca per fer estrets replans i, en una llenca de terra de quatre pams d'amplada, poder-hi plantar ametllers, nesprers, el que sigui. Són obres de perfecta artesania, i en alguns indrets he arribat a veure murs —pedra sobre pedra, i res més— de sis metres d'altura.

A l'entrada d'un camí llegeixo aquest avís: «*Las llaves del nuevo candado las tiene Gaspar*». Guadalest ja no és gaire lluny. La pujada s'endureix i apareix un rètol publicitari i espectacular: «La Raconada dels Botijons», amb uns símbols gràfics que anuncien pàrquing, telèfon, vistes panoràmiques, lavabos, bar, regals, barbacoa... A 100 metres. Podríem descansar-hi cinc minuts i beure una mica d'aigua fresca. Quan hi som, descobrim que «La Raconada dels Botijons» és un negoci abandonat. Hi ha un cartell que diu que es lloga. L'edificació és molt gran, hi devien invertir molts diners. Aquí, de fer-se il·lusions en diuen «fer calendaris». En aquesta raconada solitària, el calendari se l'ha endut la ventada del temps.

L'explosió d'un poble

A l'entrada de Guadalest, una gran planxa metàl·lica anuncia que l'Ajuntament va ser premiat l'any 1981 per «embellecimiento y mejora» del poble. Espero que l'embelliment es conservi, perquè la planxa està profundament rovellada. Prop d'aquest cartell, en una ombra, ens esperen Vicent i Raquel Beltran. Prenem un refresc en un bar que hi ha en el Guadalest exterior, perquè el nucli antic es troba dins un castell natural de roca i s'hi entra per una porta oberta en un penyal. Per això, i perquè dalt d'aquesta aglomeració rocosa que s'alça al mig de la vall hi ha un antic castell, del poble se n'ha dit Castell de Guadalest, per no confondre el nom del lloc amb el nom de la vall. Segons Coromines, Guadalest prové del gòtic Gutalisks —com, més amunt, Confrides també és un nom de població d'origen germànic: Gundifrids.

Vicent Beltran, que encara no té trenta anys, porta una samarreta significativa: «600 Anys. Ausiàs March». Ha estudiat filologia catalana a Alacant i em regala un llibre que ha publicat, molt complet, sobre el parlar de Callosa d'En Sarrià i de les valls de Tàrbena i de Guadalest. Li dono les gràcies i li demano que, per evitar-me més pes a la motxilla, me'l deixi a la fonda de Callosa i jo el recolliré quan hi torni d'aquí a vuit dies. És objector de consciència i treballa a Sant Vicent del Raspeig, escola d'EGB, on té cura de cinc disminuïts, tres dels quals amb síndrome de Down, i s'ocupa d'estimular-los. Em diu que, a més, estudia idiomes i li pregunto quins sap. L'alemany i el francès, i amb un somriure afegeix: «Els intents també valen? Aleshores, el rus i l'italià». La seva germana Raquel estudia Medicina a Alacant i és molt decidida, no m'estranya que digui «jo vaig a totes» si cada matí es lleva a les set per fer amb dues veïnes tres quilòmetres d'anada i tres de tornada per la carretera on hem coincidit. Són joves d'empenta, francs, amb conviccions. Cal tenir-ne per pair l'espectacle del Guadalest grotescament turistificat, ple de botigues i paradetes, on els ninotets, els cistells, els penjolls, tot és ofert com a *typical* als estrangers, que pujant del Benidorm de la platja troben aquí el Benidorm de les roques. I de banda a banda dels carrers, unint les façanes emblanquinades, un seguit de fils d'on pengen banderetes espanyoles.

Diem adéu als germans Beltran i en Sebastià i jo entrem, pel portal obert en la roca, en el Guadalest amagat i antic. Una noia ens fa inesperadament una foto. «*En el parking la encontrarán*», ens diu. Vol dir l'esplanada on aparquen els autocars turístics.

Tancat dins el roquissar, Castell de Guadalest és un poble d'una gràcia natural extraordinària, que ara ha maquillat el seu caràcter amb els tòpics estètics que deuen ser més eficaços i s'ha castellanitzat com cap altre poble d'aquestes valls. Cada casa és una botiga. I es proposen als turistes les més xocants atraccions, com un museu de microminiatures en el qual es pot admirar «la Maja Desnuda de

Goya pintada en el ala de una mosca», tal com sona, i una meritíssima «pulga vestida de torero dando un pase de rodillas»...

La gent dels autocars, vermella de la platja, va amunt i avall tafanejant-ho tot, desfilant davant l'estesa de sandàlies, gorres de colors, collarets de totes les mides i matèries, i qui es podia imaginar que hi hauria aquestes empentes pels estrets carrers de Guadalest. És molt fàcil pensar que, sense tot això, Guadalest seria bellíssim. La veritat és dura: sense tot això, Guadalest seria un poble en procés de despoblació, com tants altres. La gent s'hi ha quedat, ha convertit els baixos de les cases en botigues de *souvenirs* i ha fet diners. Quan van venir els primers visitants, un home els oferia cerveses que conservava fresques, em diuen, enterrades en sorra, dins l'antiga i humida presó, als baixos de l'Ajuntament. Ara aquest home té dos o tres bars. Castell de Guadalest és l'enveja no gaire secreta de molts pobles.

El mirador sobre la vall és esplèndid. D'aquí estant es veu, a sota i ben a prop, l'embassament de Guadalest, i cap a ponent, vall amunt, Beniardà i Benimantell, que és on esperem dormir avui, i més enllà Confrides, ja en el punt més alt i muntanyós de la vall, al peu del coll que permet passar a la comarca del Comtat. Només hi ha una cosa més impressionant que aquest panorama: veure, com ho farem des dels primers graons de la serra d'Aitana, com s'alça, al centre de la vall, aquesta sobtada crispació de pedra, on ara som, contreta com un puny.

Pujada al Trestellador

Benimantell és a prop, i el lloc on he de trobar acolliment es diu El Trestellador, però m'avisen que no és al poble, sinó muntanya amunt. Sempre procuro trobar fonda, o habitació, allà on hi ha gent, per poder viure més hores cada poble, però sembla que aquell hostal és l'única possibilitat. A l'entrada de Benimantell espero veure un rètol que em digui quin és el camí del Trestellador, i em costa una mica trobar-lo. I més em costa seguir-lo. És un camí que puja abruptament, poc més d'un quilòmetre, però el sol ja és inclement, i tenir davant dels ulls, a cada revolt, un altre revolt més tancat i més enfilat és una dura penitència com a final d'etapa.

El Trestellador resulta ser un hostal amb una terrassa que domina la vall de Guadalest. Podria ser l'ampliació i modernització d'una casa antiga. L'agradable sorpresa és trobar-hi una habitació amb bany, que ens treu el fatic de la pujada i després, asseguts en un racó d'ombra de la terrassa —l'aire és vivaç i fresc—, contemplant el paisatge, ens sentim gairebé estiuejants.

Coromines dedica dues pàgines senceres a l'origen del mot trestellador, que significa la comporta o post que aixeca el nivell i tanca el pas de l'aigua en canals i sèquies; hi ha moltes variants: trastellador, estolledor, restellador, estoledor... totes provinents de *tollere*, toldre, per tant treure. La paraula és tan curiosa, i la pujada fins aquí dalt se'ns ha quedat tan present, que els pròxims dies, quan trobarem una costa especialment pendent, direm: «mira, aquí ens espera un trestellador».

Des de la terrassa, la sensació d'allunyament de tot és inesperada. La paret vertical on hi ha Guadalest es desdibuixa en la densitat solar, allà baix, com una arruga al mig de la vall. Cap a llevant es veu, més lluny i més baix encara, Callosa d'En Sarrià, d'on hem sortit, al peu de l'esquerpa serra de Bèrnia, que es va fortificar perquè els moros no pugessin vall amunt. Al fons, la ratlla del mar. En aquesta hora, la multitud deu omplir les platges de Calp i d'Altea. Sensació d'allunyament físic sobtat, hi érem no fa gaire, al fons de la vall, caminant prop del riu, entre els camps d'ametllers, sentint l'estrèpit de les cigales. I allunyament psicològic: aquí jo podria ser un hoste de balneari, bevent en silenci i a l'ombra un vas d'aigua fresca, com si aquest repòs d'ara fos l'objectiu desitjat i perllongable, i el camí per arribar-hi un simple trànsit.

Aquesta és la realitat per al senyor que seu al meu costat. Al Trestellador hi passa un mes i mig, amb la seva dona, i cada estiu reserva l'habitació —n'hi ha poques— per a l'estiu següent. Baixa a Benimantell de tant en tant, quan la seva dona ha d'anar a la perruqueria. Diu que hi va amb el cotxe per un camí que volta per més amunt fins a trobar la carretera de Polop a Benimantell, és més llarg però no té els revolts i el pendent del camí pel qual jo he pujat. «Prop d'aquí hi ha una font, però no em decideixo mai a anar-hi», i em mira les cames com si amaguessin alguna trampa. També s'estan aquí dalt dos matrimonis amb criatures, que semblen ben avinguts i feliços. Potser perquè és dissabte, hi ha pujat algú només a dinar.

Arriba un moment que l'aïllament em posa neguitós, i pregunto a una noia de la casa si a Benimantell hi ha un taxi que, si ara hi baixés, em pogués tornar aquí a l'hora de sopar. Diu que no n'hi ha cap. Demà només hi passaré, per Benimantell, i aquesta tarda m'agradaria estar-m'hi una estona, però anar-hi i tornar a pujar a peu em sembla excessiu. La noia m'assegura que és probable que algú de la casa hi hagi de baixar, al poble, i que ja m'avisarà. A dos quarts de set se m'acosta en Paco i em diu que som-hi. En Sebastià i jo pugem al cotxe, que baixa per la pista posant a prova la suspensió, i en un no res som a Benimantell. Quan ens hi deixa ens explica que se'n va, però que tornarà a baixar per dur una senyora a missa de vuit, i quedem de trobar-nos a dos quarts de nou davant de l'església.

Vespre a Benimantell

Tinc dues hores per passejar per Benimantell, antiga alqueria islàmica, com tants indrets d'aquest país, molts dels quals han quedat despoblats. Benimantell és un poble petit, allargat sobre la carretera —on hi ha un restaurant que té un nom molt curiós, «L'obrer»—i més aviat esmorteït, perquè en aquest carrer-carretera no veig ningú. Tan a prop com és de

Castell de Guadalest i els seus turistes, dos minuts en cotxe. A l'extrem del poble hi ha un bar obert, que també fa d'estanc i on compro un diari. Pregunto a quina hora obriran demà, perquè no sé si quan surti del Trestellador hi haurà algú despert per fer-me un cafè. Però no obriran fins a quarts de dotze. En una petita terrassa d'aquest bar hi ha uns pares i uns nens, que prenen orxata, tocats per un sol de tarda encara calent. Els shorts són l'estiu, i amb shorts s'intenten les passes contra l'avorriment.

Una casa que fa xamfrà mostra aquest rètol: «*Iglesia Evangélica de Benimantell*». M'hauria agradat entrar-hi, però la porta és tancada. Ben a prop, tot és a tocar, en aquest poble, perpendicular a la carretera hi ha el carrer del Calvari, amb una costera enorme, com pertoca a un nom penitencial. Hi veig una font amb l'escut del poble damunt el jou i les fletxes falangistes. Des del temps dels moros, a Benimantell han rajat tota mena d'aigües. Sento el so d'una dolçaina, que ve del capdamunt del carrer. M'hi acosto. El so surt d'una casa i a la porta hi ha una dona que m'explica que és un que *ensaya*, i em sembla que troba que no ho fa gaire bé. No triga a sortir el músic, que s'ha adonat que al carrer hi havia algú, «aquesta és la dolçaineta», diu, i es pren amb bon humor les crítiques, i fa una demostració: toca per avisar algú que hi ha a l'extrem de baix del carrer. Jo trobo que fa bonic, aquest únic so que he sentit a Benimantell, i com que tot s'atura altra vegada no tinc altra cosa a fer que entornar-me'n Calvari avall. Però abans la dona em diu: «Un company seu ha passat també per ací». (Jo m'havia estat una estona al bar, bevent aigua i llegint el diari, i en Sebastià havia desaparegut.) Un company meu, ha dit la dona. Per què? La identificació com a company només s'explica perquè som els dos únics forasters que corren per Benimantell. Només hi ha una explicació si han arribat dos forasters: que vagin junts.

Passejant per la carretera, en passar per davant d'una finestra oberta sento una dona que parla. No puc saber amb qui. M'aturo un parell de passes més enllà. Explica alguna cosa d'algú que està malalt i a qui els metges no li troben remei. M'arriba una frase que em sembla que no oblidaré mai: «Una cosa que ja està podrida, com la poden despodrir?». Una altra veu femenina respon això: «I és que els metges endevinen, però curar...». La tercera frase és inapel·lable: «Els metges maten i curen». No goso quedar-me més estona aturat, escoltant, en aquesta deserta carretera de Benimantell —«a Benimantell, cadascú per a ell», diuen, i no m'he de ficar on no em demanen— i agafo el carrer de Trencacames, pendent i recargolat, que és un nom que entendrà qui el puja, i també qui el baixa, com ara jo, si no ho fa amb sàvia prudència. Hi trobo una altra font amb l'escut falangista. Veig un carreró que és horitzontal i la placa confirma aquesta excepcionalitat: «carrer del Planet». En una façana, un termòmetre marca 29 graus a l'ombra, i són les vuit del vespre.

L'hora de la missa, doncs. La notícia és l'aparició, finalment, d'algunes persones. Vénen cap a la plaça i entren a l'església, i entre els fidels un home amb un telèfon mòbil a la mà —com abans s'hi anava amb missal. Després d'aquest petit moviment humà, els carrers d'aquest nucli cèntric de l'església tornen a quedar solitaris. El silenci és absolut i jo, assegut en un estret pedrís al costat del portal, tanco els ulls. Els obro quan sento unes passes. És en Sebastià, que arriba a la cita.

Retorn al niu

A dos quarts de nou entra a la plaça el cotxe que ens ha baixat des del Trestellador i en Paco ens diu que podem pujar. I la senyora que havia d'anar a missa? La pujarà un altre, diu. Carretera amunt, li explico que el poble m'ha semblat força aturat, almenys de portes enfora. Em diu que si encara aguanten, aquests pobles, és gràcies a Castell de Guadalest, perquè sempre hi ha alguns visitants que s'escampen pels voltants. La veritat és que no sé veure aquesta influència, que em sembla més un desig que una realitat. Però ell em diu: «Perquè la terra... Veu aquesta immensa finca d'ametllers? La porta un home de més de vuitanta anys. Potser vostè em preguntarà pels seus fills... Miri, els fills dels pagesos han tingut estudis. Això es nou, sap? Aquest vell té un fill i una filla, i tots dos són catedràtics, l'un a Alacant i l'altra a València».

Fem uns quants revolts en silenci, entre els ametllers de l'avi que ha donat fills catedràtics a les grans ciutats. Quan arribem al Trestellador i baixem del cotxe, veig alguns estadants de l'hostal asseguts a la terrassa, esperant l'hora de sopar. L'avi d'aquí dalt, el que està jubilat i hi passa cada estiu un mes i mig, el marit de la senyora que cada setmana va a la perruqueria de Benimantell, explica que abans, a l'estiu, anava a Benidorm, i que era amic de l'amo d'un hotel. Però l'hotel, enorme, va decidir fer una promoció per captar clients. El primer nen s'hi podia estar de franc, al segon li feien un descompte del cinquanta per cent. «Sap què va passar? Que l'hotel es va anar omplint de nens, era un desastre. Ja haurà vist que aquí hi ha una família que en té, de nens, però gairebé no es noten, l'ambient és tranquil. Me'n vaig haver d'anar d'aquell hotel. Continuo sent amic de l'amo, i a vegades el vaig a veure i li pregunto com li va. M'ha dit que molt bé, i que aquest estiu n'hi tenia cinquanta, de nens. Inaguantable.»

Aquest senyor és molt més feliç estiuejant aquí, entre els ametllers de l'avi que té dos fills llunyans i catedràtics.

El sol finalment ha desaparegut. Després de seguir al llarg del dia el camí de la vall, s'ha post on la vall es tanca, darrere les altures del port de Confrides. Les cingleres de la serra d'Aitana, a un costat, i les de la Xortà, a l'altre, perden lentament la seva dura consistència. Es fan d'un gris tou, un gris que sembla la cendra que hi ha deixat el sol després de cremar-hi tantes hores.

Després de sopar surto a la terrassa. No hi ha lluna, la nit és negríssima. Les altes serralades s'han fet invisibles. En la foscor, l'única, i estranya, taca de llum és allà baix, a la vall: els espadats de roca de Castell de Guadalest estan il·luminats per dotzenes de focus intensament grocs, tenen la màgica irrealitat d'un teló de teatre enmig de la nit.

2.
DE BENIMANTELL A CONFRIDES

Soledat amunt

Quan ens disposem a deixar el Trestellador hi ha un estadant que ja s'ha llevat, el senyor que passa un mes i mig en aquesta terrassa sobre la vall.

Potser ja tinc l'edat de fer el mateix, però penso que no podria. Tant d'hora, ja passeja per la terrassa, a poc a poc, perquè l'espai se li faci més ample. Veig que s'atura a mirar no sé què, a terra. I continua. Quan serà l'hora de donar un cop d'ull al diari, si és que algú el puja de Benimantell? Falta molt de temps per començar a mirar cap als finestrals del menjador, per veure si el Paco ja hi és, i aviat obriran, i podrà anar a seure a la seva taula de cada dia —i espera que avui no obriran quatre minuts, o ja eren cinc, potser, més tard de l'hora prevista, com va passar ahir, i encara no sap per què.

M'agafa pressa per marxar. De baixada, els revolts curts ja no frenen, sinó que catapulten, i l'arribada a Benimantell és ràpida. Amb quina estranya facilitat el Trestellador deixa d'existir, s'ha quedat en un regió aèria i imprecisa. Ara retrobo la consistència del present en aquestes parets de Benimantell, i travessem el poble sense veure ningú, però les passes recullen l'energia del camí, segur sota els peus.

La magnífica cresta rocosa on hi ha Castell de Guadalest, alçada enmig del pla, ja s'ha «apagat». Deixem aviat enrere un ramal de carretera que ens portaria a Beniardà, darrere del qual s'acaba la serra de la Xortà i comença una paret més potent, la cara sud de la serra de la Serrella. Ahir vam veure volar alguna forma llunyana, imprecisa, a mig aire de la Xortà, on sempre hi ha hagut falcons, i àguiles, i corbs. I perdius. Diuen que es sembra blat perquè criïn.

El camí va pujant, vall amunt, però és un matí bonic, serè, i a estones ens acompanyen les caderneres. En Sebastià descobreix, al marge, uns aranyons perfectament esfèrics, molt grans, d'un elegant color lila —una elegància que sembla nocturna i que perdura contra el sol creixent. El silenci és absolut. No hi ha cap trànsit cap a la costa. És un ample camí per a nosaltres sols.

Deixem enrere Benifato, on antigament es feia comerç de neu, i hem de salvar dos barrancs, el de Favara i el d'Ansenet, on hi ha el caseriu d'Atzeneta, un nom que em porta el record del poble d'Atzeneta, trobat fa dos anys a l'Alcalatén, a l'extrem nord del País Valencià. Diuen que a Benifato van capar el dimoni, i com que el nostre aspecte és dubtosament catòlic serà prudent no entrar-hi. Sanchis Guarner ho explica així: «El sant patró de Benifato és sant Miquel, i una volta que li feren una imatge nova, l'artista va posar el dimoni completament nu, i com les beates s'escandalitzaren, calgué tallar el membre al dimoni. Quan els dels pobles veïns ho conten, i en fan burla, els de Benifato, per fer-los callar, afirmen que encara en conserven les eines».

Continuem, doncs, preservant la nostra modesta integritat, i en els successius murets de pedra emblanquinada que protegeixen els revolts de la carretera comencen a aparèixer unes inscripcions que es repetiran de tant en tant: «Som valencians, no som espanyols». «*Freedom for Catalonia*.» I un text molt llarg, també en anglès, cada paraula del qual ocupa un dels murets: «*Our national culture is being crushed under the invaders*».

Aquí es veu clarament com els antics conreus s'enfilaven pels vessants de les muntanyes fins al peu dels penyals més verticals i ja no trepitjables. Els marges de pedra encara dibuixen ratlles paral·leles serra amunt. No m'estranya l'admiració amb què, avui, es continua parlant dels vells marginadors, que en diuen, i si moltes de les llenques de conreu més enlairades s'han abandonat, la gent de l'ofici ara construeix terrasses per a nesprers en les terres més baixes i còmodes.

Al peu mateix d'on comença la imponent Serrella, a l'altre marge de la vall per on pugem, veig un gran mas, amb porxos, que potser és el que indica el meu mapa: la Capellana. Hi ha alguns altres, molt pocs, masos aïllats en aquest tram alt de la vall. Des de l'altura on sóc, veig un extens panorama i només aquell punt artificial —no sé si habitat, ara—, un punt en la distància encara que sigui un gran casalot, i penso en la sensació que deurien tenir els pobladors del mas: potser la sensació de senyors del món? Sensació de soledat, també, però de senyors d'un món identificable amb aquesta alta vall de Guadalest, els camps treballats, els boscos, els barrancs, el món tancat entre les parets de la Serrella i l'Aitana, i des de la galeria d'arcs de la casa no es veia —no es veu— cap altre mas, cap altre propietari. Sols i senyors. Sabien que hi havia altra gent, aigües avall, i que al final la vall s'obria a la plana i al mar, d'on pujava cada dia el sol, però tot això era una creença, no pas l'experiència quotidiana. M'aturo un minut, a mirar intensament la Capellana, si la casa és aquesta, que és igual, és un punt de vida que l'home ha construït i les generacions han heretat en un immens escenari sense públic, i després vaig pujant pel meu camí i la casa va quedant enllà, cada vegada més baixa, fins que es perd definitivament —o jo em perdo, si és que encara hi ha algú que mira, des d'aquella galeria, acostumat a mesurar els seus dominis amb la seva mirada.

Arribada a Confrides

En Sebastià s'atura davant meu. Té uns papers a la mà, els ha collit de la cuneta, com ha fet altres vegades a l'Alcalatén, al Matarranya. Són una colla de pàgines d'un curiós diccionari de la Real Academia de Cultura Valenciana, les del mig encara són blanques, les que les envolten són pàgines esgrogueïdes pel sol i tacades per la pols i la terra fosca que un aiguat deu haver fet caure del marge. Llegeixo: «*Hechicero*: Enchiser». «*Jolines*: Collins, collinses, fotrins.» Fotrins, aquest diccionari!

Tota la vall és plena d'herbes aromàtiques, i aquí apareix el romaní més esplendorós, i el seu perfum és euforitzant, gairebé alcohòlic. També és animador veure l'Abdet, poble apartat a la dreta del camí, que anuncia la proximitat de Confrides, el final de l'etapa d'avui. Em nego a fer la marrada per arribar-hi, perquè la visió em deixa decebut: només hi veig edificacions modernes, i no hi aniré per quatre cases tradicionals que hi queden. L'Abdet era un lloc molt petit, amb només dotze cases, i va quedar totalment despoblat el 1609, amb l'expulsió dels moriscos. No sé per què jo esperava trobar el despoblat —com d'altres n'hi ha—, imaginant-me que remuntar la vall era també remuntar els segles. També em seduïa el nom de l'indret, que segons Coromines deriva d'*abidat*, «les devotes», i les devotes era una manera tradicional de dir «les ermites».

En arribar a Confrides, com que la carretera volta el poble per baix, camí del port, per pujar al poble trenquem pel primer carrer, que és el de Sant Antoni. Preguntem a un home on para la pensió El Pirineo, que aquí és un nom ben estrany. Ens diu que seguim recte, que és al capdavall del carrer. Ens pregunta si som valencians. Sovint es pensen que ho sóc, però ell ho dubta, ara se'm deu haver escapat alguna vocal neutra. L'home és parlador, però nosaltres tenim pressa per assegurar-nos que tenim taula i llit, a Confrides, i quan li donem les gràcies per l'orientació ens diu: «Ja ens trobarem i parlarem al noguer». Una frase que seria misteriosa, si no fos que en Sebastià ha llegit en un fullet sobre pobles alacantins que un gran noguer és l'arbre de la plaça de Confrides, sota el qual —en frase ben poc afortunada, perquè si fos certa es tractaria d'un arbre immens— «*se cobija el pueblo*». Sí, segur que ens trobarem al noguer, però l'home es resisteix a deixar-nos marxar: «I cantarem. Vostès que són catalans segur que saben allò», i canta: «"A la ciutat de Vic, hi ha una minyoneta,que se'n riu dels minyons, perquè és molt boniqueta."».

Resulta que la pensió El Pirineo es troba a la carretera, a la sortida del poble, que és precisament on acaba el carrer de Sant Antoni. És un edifici aïllat, que possiblement s'ha reformat aquests últims anys. Sí, hi tenim llit, ens podem dutxar, hi deixem les motxilles i en sortirem amb les mans a les butxaques, a explorar Confrides. Però abans comentem amb l'home que ens ha rebut, l'amo, que com que és diumenge segurament l'Ajuntament estarà tancat i no trobarem cap paper sobre Confrides. Rafael Gomis em diu, ràpid: «El que vulgui saber m'ho pregunta a mi. Sempre que arriba un foraster, me l'envien». El senyor Gomis havia estat l'alcalde. I no cal preguntar-li res perquè plantegi un tema que el preocupa: el nom que alguns donen al port de Confrides, pel qual passarem demà. «Hi ha mapes que hi posen el port d'Ares. Ares? Si el port està al terme de Confrides! Si algun mapa diu Ares, s'ha de canviar. Jo ja he fet gestions, i em donen la raó.

Però...». El tranquil·litzo: el meu mapa diu port de Confrides i jo també l'anomeno així. Cometo la imprudència d'insinuar que no tots els ports són coneguts amb el nom del terme municipal on es troben, però no m'ho té en compte. I també depèn, a vegades, de la banda des de la qual es parla del port: a l'Alcalatén, quan era a Benafigos em deien que per anar a Vistabella havia de passar pel coll del Vidre, i un cop a l'altre costat em deien que havia passat el coll de la Xaparra —el nom d'un mas que hi havia en aquell vessant. De tota manera, quedo amb l'hospitalari senyor Gomis que el port que demà passaré serà el de Confrides.

Confrides és un poble d'estructura abrupta i complicada, i fins i tot el carrer Major és força pendent. Arribo a un punt on hi ha, de costat, el bar i l'església. Són cinc metres, però per anar de l'un a l'altre cal pujar o baixar uns quants graons. Quan hi arribo toquen campanades, a una hora que em sembla una mica estranya, dos quarts i set minuts d'una. L'església és plena, la missa comença en aquest moment. Hi ha una certa solemnitat en l'aire, en la gent, en la decoració, i quatre escolanets duen el vestit tradicional. Me'n vaig al bar —el rètol diu «Pepe» i li diuen el Casino— i m'expliquen que el rector deu haver arribat tard. «Sempre hi arriba, també és el rector de l'Abdet i de Benifato.» Tres homes que juguen al dòmino també han sentit les campanades, però no es mouen. «Nosaltres no hem fet pecats, no hem d'anar-hi.»

Al cafè, enganxat a la paret, hi ha un avís de la Societat de Caçadors Aitana II (Confrides-L'Abdet). Precisament avui comença «la caça del conill amb gossos i sense armes», cosa que em sembla francament difícil. Després m'explicaran que alguns caçadors van amb garrot, però que aquesta mena de persecució conillera no armada serveix perquè els gossos s'entrenin i puguin recuperar la força de les «garres», que després d'una llarga inactivitat les tenen una mica «molles». Del 17 al 31 d'agost, «mitja veda, autoritzades tórtora, colom tudó, colom xixella (paloma zurita), colom roquer, garsa, gralla menuda, cornella, estornell. 8 peces per caçador i dia. Cacera des de llocs fixos i sense gossos. Perdiu en mà a partir el 12 d'octubre. També el conill. També el tord. Porc senglar (autoritzat si són més de 9 caçadors o 15 gossos)». Llegeixo aquest avís com una mena de proclama de la multiforme vida animal en aquestes terres altes de la vall de Guadalest, una vida que s'amaga als ulls del foraster inexpert.

Sota el noguer

Si del cafè puges quatre graons, ja ets a l'església. Si de l'església fas quinze passes, ja ets a la plaça del Noguer. «Plaça de l'Anoguer», diu la placa. L'arbre fa ombra i passa airet. La gent ho té clar. No tan clar ho té la guia turística de la Diputació, que diu que en aquesta plaça «se yergue un magnífico nogal, símbolo de Confrides», i a la mateixa pàgina, després d'informar sobre l'altitud (785 m) del poble i dels seus habitants (288), fa saber que «un impresionante roble es el símbolo de la localidad».

Els tres o quatre homes que seuen en el banc circular que volta el tronc estan convençuts que un noguer és un noguer i un roure és un roure, i que on hi havia un roure, ja fa molts anys, era a la placeta del costat —que també es diu «plaça de l'Anoguer»!—, però això ho conten els vells, ells ni l'han vist. Sembla que el van haver de treure perquè era tan gran que les arrels alçaven les parets de l'església. La guia, impressa fa pocs mesos, el dóna per viu.

—Aquest noguer no té gaire salut —gosa dir en Sebastià.

Uns diuen que sí, els altres que no. Finalment, algú reconeix que d'ençà que li van tallar el cóm, el tronc del mig, l'aigua de la pluja hi entra i l'arbre es podreix. I té branques mortes, al capdamunt.

—Sí, però quan neva, i fa vent, aquests cimals es trenquen i cauen sols...

El noguer té una capçada magnífica, però tothom recorda que havia estat més gran. «I les nous que feia!...» «Seixanta barcelles, se'n recollien!» Una barcella és una mesura de capacitat, que en el cas de les nous equival a dotze quilos.

—Que ja no en fa, ara?

—I tant, si veiés com se'n carrega!

—I de qui és, el fruit del noguer?

—De qui es? Miri, quan cauen les nous a terra, qui passa les recull i se les menja.

En un paper antic es parla del noguer «*de las Ánimas, cuyos frutos sirven de sostén a la piadosa costumbre de dedicar misas para las almas*». És aquest mateix noguer, però potser la recollida de les nous sortiria avui massa cara. Deu sortir més a compte menjar-se les nous i pagar directament les misses, els piadosos costums d'abans ara resulten complicats.

En un costat de la plaça hi ha els llavadors, els antics safareigs públics, ara ja inútils. Un altre costum tradicional poc rendible. Però la remor de l'aigua que hi passa canalitzada és un petit respir en aquesta tarda de cel mig tapat, xafogosa. Un home em confirma la sensació climàtica: «Fa basca». Sí, fa basca, i pasen dos nois i dues noies, l'un amb eslip de bany, i pregunto a l'home si se'n van a la piscina. «No n'hi ha, de piscina. Se'n van al cementiri.» Em costa entendre això del cementiri. «I potser al castellet.» El que queda del castell de Confrides es troba en un cim esquerp. «Són joves...», diu l'home, i no sé si em vol insinuar que si ha dit cementiri i castell és per dir alguna cosa, com qui dóna als joves una coartada que jo no cal que em cregui.

Al castell no hi pujaré, però al cementiri m'hi arribo, és petit i ple de flors, i enfilant-me una mica pel talús del darrere el puc veure per damunt de la tàpia, i la perspectiva m'impressiona: a primer terme, el seguit de nínxols, amb noms a les làpides, i al fons, a l'horitzó —tot hi cap en la mateixa mirada, en el mateix cop d'efecte instantani—, la mole grandiosa de la Serrella, immutable davant el pas dels segles, davant la successió de les fràgils vides humanes; allà, l'alta nuesa de la pedra, i aquí les petites flors que s'encenen i es marceixen.

De retorn, veig que només hi ha dos homes sota el noguer de Confrides. N'arriba un altre, amb la cama enguixada. Explica que li treuran el guix d'aquí a quaranta dies. Un dels veïns diu que no s'ho creu. «M'ho ha dit el metge.» La rèplica és aquesta: «Mira, has trigat quaranta anys a trencar-te-la, i ara vols que t'ho arreglin en quaranta dies?...».

Es respira un aire d'escepticisme sota el noguer. L'un parla de la proposta que algú li ha fet d'anar a treballar en un camp d'ametllers, perquè l'ajudi. «M'ha dit: vine al meu camp, que tu en dos ratos ho fas...» «No te'n fiïs, ja el coneixes...» «Ja ho sé, quan hagi acabat em dirà que si vull treure-li la brossa...» Obre els braços: «Però si jo no tinc necessitat de res...». L'home del seu costat hi està d'acord, es tira una mica més enrere en el banc i diu: «En esta vida, si et sobren vint duros ja en tens prou...».

Aleshores es posen a discutir de fonts, que si la font que hi ha més enllà, prop de l'entrada d'un carrer, abans estava prop del noguer. «Estava aquí —assenyala on era—, era una font gran, de pedra, i la van llevar d'ací i la van posar més pacallà.»

En les converses de pedrís, el meu paper habitual és el d'oient, d'oient acceptat per la seva discreció. Però ara un dels homes m'interpel·la directament: «Ja ho sap que, durant la guerra, aquí va venir el Carrillo?». No, no ho sé, el foraster com cal mai no sap res. I penso que vol parlar-me de la guerra, i m'estranya, perquè en aquests pobles de la guerra no en vol parlar ningú, hi ha massa fets encara viscuts i contradictoris —de les guerres només se'n pot parlar quan no n'hi ha testimonis, quan es pot mentir o mitificar. No, el que vol l'home és continuar parlant de fonts, perquè quan hi ha homes sota el noguer, i a més fa calor, el que volen és allargar tant com es pugui el tema que per atzar —perquè ha passat algú, perquè s'ha sentit una veu— ha engegat la conversa. «Sí, el Carrillo va venir a fer un míting, devia ser l'any 36, o el 37.» Un míting a Confrides? «Era un dia que feia molta calor, i es veu que el míting li va fer venir set i va demanar un vas d'aigua. Era allà», assenyala un carrer amunt. «El vas d'aigua el van haver d'anar a buscar lluny, trigaven a portar-lo, i llavors Carrillo va dir: "Ací s'ha de fer una font". I la van fer, sí senyor, al cap de pocs dies ja era feta. Li van dir la font de la Passionària.»

S'acosta el final de la partida...

Tant parlar d'aigua m'ha fet venir set, i com que jo no tinc poder perquè em facin una font al meu costat me'n vaig al bar, al Casino que li diuen. Demano aigua fresca i la mestressa me'n porta un vas ben ple, «hi vol gel?», li dic que sí, «amb la basca que fa», comento, «molta, en fa», m'agrada que la paraula popular sigui rebuda amb tanta naturalitat encara que la digui jo, que l'acabo d'aprendre. No vol cobrar-me res. «És l'aigua del poble, molt bona. Ací no em volem tenir, d'aigua mineral, si la del poble és la millor.» Gràcies, Margarita, i per molts anys.

Sort que no ho he dit en veu alta, perquè això durarà poc. Margarita m'explica que pensa jubilar-se d'aquí a tres anys, «i el meu marit *tamé* es jubilarà ara». Fa trenta-set anys que ella treballa aquí, en aquest bar que ja era de la família del marit —el seu marit em sembla que ara és l'alcalde. «I què passarà, amb el bar?» «És veritat, la gent ens diu que no sabran on anar, si pleguem. Si algú el vol llogar... Però no hi ha joves, ja ho veu, tots són grans. I ens pregunten: "On farem la partideta, si tanqueu?"».

Anys enrere, el pis de dalt també era cafè, hi havia un saló molt gran i molt bonic, en un temps que les cases eren modestes. Per això li devien dir el Casino.

«Sí, la gent viu bé, ara. Gairebé tots són jubilats. Potser han patit els últims anys, per anar pagant cada mes el dret a la jubilació, però un cop hi han arribat estan bé, hi ha cases que fins i tot cobren dues jubilacions. I ja tenen poques despeses. O sigui que s'han pogut arreglar la casa, s'han posat calefacció, que aquí l'hivern és molt dur.»

Però això s'acabarà, em diu. Només hi ha quatre nens en l'edat d'anar a escola, i quan facin catorze anys hauran d'anar a l'institut. «Només hi ha un xiquet que deu tenir tres o quatre anys, i l'hauran de dur a Callosa.» Jo li dic que un poble sense escola i sense cafè ja no és un poble, i la dona —que s'ha assegut a descansar al meu costat, en una butaca que sembla baixada de casa seva— em diu que sí, però que què hi podem fer, que això no té solució, ni a Confrides ni a molts llocs. Que tot s'acabarà perdent. «Miri, els joves que se'n van a treballar a Alacant, quan tornen a aquí a l'estiu parlen castellà.» De cop la veu se li anima: «Però, miri, va venir una practicanta substituta, l'altre dia, parlant un valencià tan bonic...! Jo em vaig quedar una mica parada, i em va dir que era de València, i que si era de València era natural que parlés valencià. La vaig convidar a un cafè».

M'explica que per la festa major, entre d'altres activitats, fan una desfilada de moros i cristians, que arrenca als afores i entra al poble per la carretera. «No es pensi, deixen un pas per als cotxes...» Quin efecte deu fer, la tropa medieval avançant per la carretera, i com la deuen mirar els holandesos que els passin en cotxe, camí de Benidorm.

Li pregunto si encara hi ha la base militar al cim de l'Aitana, la dels nord-americans. Em diu que sí, que encara hi ha gent, allà dalt, que li sembla que es dediquen a les comunicacions, o a coses meteorològiques, però que ara no es veuen soldats, al poble. «Per la festa major baixa el capità, o el coronel, per anar a la processó.» És possible veure un oficial nord-americà a la processó de Confrides?

Al cafè només hi som la mestressa, jo, i quatre homes que juguen en un racó una partida de cartes. Ja hi eren quan fa un parell d'hores jo havia entrat al bar. «Sí, hi juguen més de tres hores seguides.

Tenen casa aquí, però dos vénen de Callosa i els altres dos d'Alcoi. Es troben aquí per fer la partida.»

A la mateixa distància de Callosa i d'Alcoi, Confrides és com si fos el centre del món per a aquests quatre jugadors, i si aquest bar tanca, el món serà diferent i menys acollidor.

Un zoo a la fonda

Quan arribo a la pensió, li pregunto a l'amo per què li van posar «El Pirineo». M'explica que a la vall de Guadalest, i especialment a Confrides, li diuen el Pirineu valencià. Certament, Aitana i Serrella són dues serralades imponents que tanquen la vall i s'ajunten una mica més amunt de Confrides, però la semblança és dubtosa. En qualsevol cas, aquesta alta vall de Confrides em sembla que té un fort caràcter i no li cal buscar-se padrins. Aprofitant que encara no és l'hora de sopar, Rafael Gomis em porta uns quants papers antics que ha fotocopiat, ja que no em pot proporcionar cap llibre sobre el poble. Per si vull prendre alguns notes. I apunto, efectivament, que el 23 de juny de 1264 el rei ordenà a Vidal de Sarrià que tingués 500 homes al castell de Confrides. L'home del poble em parlava familiarment del «castellet», però en aquell cim devia haver-hi una fortalesa considerable, si la defensa era encarregada a cinc-cents homes. No m'estranya, perquè aquest era un punt obligat de pas, i per tant de combats, entre les terres de l'interior i la Marina.

No sé què devia passar en sis anys, però el 1270 el rei reconeix que deu a Vidal de Sarrià 50.000 sous. Per pagar el deute embarga a favor del cavaller de Sarrià el castell de Confrides, però Sarrià hi ha de mantenir una guarnició de set homes. Hem passat de 500 a 7... Presència purament simbòlica, doncs.

És curiosa una informació de començaments d'aquest segle. Confrides, que avui té uns 280 habitants, el 1910 en tenia 780 de fet i 911 de dret, i aquesta diferència és indicativa d'emigració. El document fa unes precisions reveladores: «*Saben leer 4 varones y 9 hembras; leer y escribir* —què voldrà dir saber escriure, aquí?— *73 varones y 19 hembras, y no saben leer 301 varones y 308 hembras*». No sé com lliguen les xifres, però són aquestes.

El senyor Gomis, hostaler i exalcalde, és una persona inquieta, que ha anat millorant l'establiment, hi ha posat hores i diners, i em sembla que no veu gaire clar que un fill seu, que havia començat econòmiques, ara vulgui estudiar filologia catalana. Em pregunta si crec que amb això s'hi pot guanyar la vida. Què li puc contestar? No tots els fills de pares que han lluitat es plantegen això de guanyar-se la vida, i no dic que sigui bo o que sigui dolent. Potser qualsevol tria és vàlida, si s'hereta l'empenta.

Aleshores, Rafael Gomis diu si vull veure els animals que té. Sortim de l'edifici i anem a uns camps del costat. En diversos recintes espaiosos, tancats amb filats, hi té gossos de vàries races, galls i gallines, algunes d'exòtiques; ànecs, porcs senglars, ocellets... Analfabet com sóc en zoologia, em surt un «mira!» quan descobreixo un ocellet petit, i el senyor Gomis em deu respectar més quan dic: «Aquest és un diamant mandarí». Ho sé perquè és la mena d'ocell que Isabel Martí i jo vam regalar a cada un dels escriptors que van col·laborar en un llibre sobre la Rambla barcelonina. A vegades els records tenen la puresa d'un diamant.

En un d'aquests tancats hi ha una raresa: una gallina exòtica que fa de mare d'una minúscula perdiueta. Una mare convençuda, perfecta. L'amo pica de mans i l'animaló surt de la massa protectora de la gallina i travessa el camp rapidíssimament, és com una volva de terra amb unes potes petites que s'allunya com si l'impulsés un motoret, en un moviment veloç i precís que no és ni córrer ni volar. «D'aquí a una mica tornarà», assegura l'amo. «A vegades s'allunya pel seu compte, se'n deu anar a explorar, però sempre torna. Si ens esperem una mica, quiets, ho veurem.» Esperem. Ell, que té l'ull expert, tot d'un plegat avisa: «Ja és aquí». Em sembla que sí que veig una petita taca més fosca al costat de la gallina esblanqueïda. Quin dia descobrirà, la perdiueta, que és una perdiu?

La taula que ens han donat al menjador és un excel·lent mirador sobre la vall. El cel és una trencadissa de núvols, que es retallen contra un cel blau, ara pàl·lid, i tenen les vores rosades pel sol de ponent, ja invisible des d'aquí. El clot de la vall es fa cada vegada més fosc i sembla més fondo.

És l'última hora tranquil·la de mirar cap enllà, on hi ha la Marina des de la qual he pujat, on hi ha també el passat immediat que ha quedat fixat en els pobles que ja no puc veure: l'Abdet, Benifato, Beniardà, Benimantell, Castell de Guadalest, Callosa d'En Sarrià. Confrides és a la capçalera de la vall de Guadalest, una petita i tancada unitat geogràfica i històrica entre serralades, on cada poble és un graó de la mateixa escala. Ara sóc al capdamunt, i a l'esquena m'espera el port de Confrides. El passaré demà al matí i baixaré cap a un altre àmbit: el Comtat. Se m'apaga la pipa i, just al mateix temps, la vall de Guadalest ja no és visible. Em sap greu. Potser hauria hagut de fumar la pipa més a poc a poc.

3. DE CONFRIDES A BENILLOBA

Al llom de la balena

Sortim per una porteta que dóna directament a la carretera, perquè «El Pirineo» està tancat a les set del matí. L'etapa d'avui té més quilòmetres, i comença havent de superar el port de Confrides. Ha plogut una mica, aquesta nit, i l'aire és fresc, en aquesta hora. «Ser més gelat que Aitana» és una dita del país, i en aquesta serra hi havia pous de neu. La temperatura fa que les rampes que porten al port no siguin tan feixugues. Confrides ha desaparegut ben aviat, a la nostra esquena, perquè el camí es va ficant entre les parets cada vegada més juntes de l'Aitana i la Serrella. També hi ha pintades de reivindicació cultural i política, aquí, en els murs de protecció dels revolts.

Un inesperat racó habitat, «El Rincón del Olvido», un restaurant canari amb aquest rètol: «Cocina de diseño». Tot és tancat, no s'hi veu ningú, però hi ha un cotxe. És natural que encara dormin. Seguim amunt i ara es va imposant la duresa calcària del front més alt de l'Aitana i apareixen al cim les instal·lacions militars, unes esveltes agulles metàl·liques que posen sobre la cresta de pedra un perfil de pel·lícula de ciència-ficció.

Aitana és un nom que Coromines vincula a Edetana, o sigui que seria «la muntanya dels edetans», i com que el nom d'edetants identificava els antics pobladors de les terres valencianes, aquesta alta serralada rebia el nom que la convertia en referència del país.

A poc a poc anem acostant-nos al llom de la «lívida balena pètria», com diu Enric Valor en una novel·la ambientada en la vall que ara deixarem. Al protagonista l'impressionen «aquells regalls immensos i aquells trencaments de deliri, de turons avançats tumultuosament», però passats els noucents metres d'altitud la muntanya modera les exaltacions i els contrastos, allisa més sòbriament les superfícies, dibuixa suaument els últims perfils contra el cel i el poder de l'Aitana es manifesta amb una elegant simplicitat. El port triga a arribar i les passes no tenen trepig en el majestuós silenci matinal. Just quan coronem el port, apareix el sol per damunt de la Serrella.

Baixada cap a Ares

Poc després del canvi de rasant l'horitzó s'allunya i veig, a baix i al meu davant, un espai que em sembla molt més obert que la vall de Guadalest per la qual he pujat aquests dies. Entro en el Comtat, o potser seria més exacte dir que em precipito cap al Comtat, perquè la baixada del port de Confrides és molt accentuada. A estones giro el cap i penso que si hagués fet el viatge en sentit invers l'accés al port hauria estat molt més dur que per la banda de Confrides. No han passat gaires minuts i al darrere ja tinc unes carenes que em semblen altíssimes.

Al terra hi ha algunes pintades sorprenents: «La chaci t'anyora», «Xatet, hi ha vi fresquet». Sospito que tenen alguna cosa a veure amb una cursa ciclista —són expressions d'ànim, d'estímul— perquè dalt del port he vist una ratlla que devia ser la meta d'un premi de muntanya. Jo també espero trobar vi fresquet, quan arribi al pla, però per baixar seguit no cal que ningú em digui xatet ni res, més aviat «frena, que t'estimbaràs».

Les serres dures de la Marina han quedat enrere; aquí, en aquesta zona del Comtat, el paisatge, encara que també sigui muntanyós, sembla més domèstic, i hi trobo taques verdes. El descens segueix el barranc d'Ares, que es va eixamplant, apareixen els camps de conreu, i més enllà veig algunes cases a peu de carretera: deu ser Ares. També en diuen Ares del Bosc, que em sembla un nom d'urbanització però que és antic. Quan hi arribo m'adono que el poble és a l'esquerre, sota el nivell de la carretera. És petit, vist de dalt té forma d'ametlla, les cases semblen restaurades. Hi porta un camí on hi ha cotxes aparcats i no em decideixo a entrar-hi, ves quina reacció. Em dono l'excusa que té l'aire de massa rehabilitació, de poble de segona residència, però en el fons deu ser un excés de disciplina: ahir fèiem broma, amb en Sebastià, dient que avui ens tocava «l'etapa reina», per l'ascensió al port i perquè per arribar al final, a Benilloba, havíem de fer més quilòmetres que els altres dies. I ara passàvem per Ares en una hora en què el sol encara no castigava i, per tant, ho havíem d'aprofitar per avançar. El cas és que la visió d'Ares, des de dalt i de prop, és la d'un poble impecable amb una estructura molt simple i harmònica al voltant d'un carrer central —poca cosa més— i que ha de ser una delícia per als fotògrafs.

Continuo el camí, enfortit per la meva tossuderia de caminant complidor del programa, i com que sospito que en Sebastià hauria volgut baixar a Ares, i tan discret com és no m'ho ha dit, el vull distreure explicant-li que no és el primer Ares que em trobo, sempre en un lloc enlairat. En el meu primer viatge a peu, quan era jove, vaig dormir a l'hospital —en deien refugi— de la Mare de Déu de les Ares, no gaire lluny del port de la Bonaigua; de fet vaig dormir en un paller, amb Camilo José Cela, que m'acompanyava. Més cap aquí, amb Isabel Martí vaig passar pel coll d'Ares, a l'Alt Maestrat, i pel poble d'Ares, tan encastellat, i a partir del qual ens vam perdre ignominiosament camí de Catí. Ares és un topònim que prové del llatí *aras*, que vol dir altars, equival a temples o capelles i n'hi havia en els llocs pròxims a un difícil pas de muntanyes. Aquest Ares del Bosc, al Comtat, també està al peu del port costerut i llarg que hem passat. Sembla que en aquests llocs els caminants feien ofrenes propiciatòries, sobretot a Mercuri, perquè era una divinitat que tenia ales als peus.

De baixada tots en tenim, d'ales als peus, i potser per això no he tingut per aquest Ares el respecte que hauria calgut si l'hagués trobat de pujada.

Benasau

Veig, a l'esquerra, un poble que deu ser Alcoleja, i un altre de molt enfilat, que és Penàguila, i quan el camí ja planeja penso que Benasau ja és prop. Després de travesar uns camps ben treballats, entro al poble. Aquesta entrada a Benasau no s'assembla a la dels pobles que he deixat a la vall de Guadalest, és com si la carretera l'haguessin volgut vestir de passeig, amb fanals moderns i voreres enrajolades enmig dels camps. És significatiu que les plaques de la carretera diguin «Avenida de Benidorm», que és el mite turístic que hi ha tants quilòmetres més enllà. Segons Coromines, Benasau vol dir en àrab «indret llunyà, solitari, emboscat», però avui dia el poble em sembla d'una normalitat absoluta. Deixant la carretera, l'espai interior és ordenat, polit, i de seguida es troba el carrer Major, que no és avinguda de res i té la gràcia natural que li correspon. Al final es conserva l'alta i quadrada torre del baró de Finestrat.

A Benasau busquem una farmàcia, no perquè ens passi res, sinó perquè en Sebastià ha tingut un divertit descuit. A Confrides es va rentar els shorts, ahir a la nit, sense pensar que en una butxaqueta hi duia les pastilles per si tenia un problema de cor

—ja he anotat al pròleg que no fa gaires mesos va tenir un infart, feliçment superat, com demostra aquests dies. Les pastilletes van quedar absolutament diluïdes en l'aigua que va fugir pel forat de la pica. Jo penso que és un auguri de que no les necessitarà, però comprenc que vulgui reposar-les. La farmàcia és oberta, i el farmacèutic és amable i eficaç. Té unes pastilles semblants, però no exactament les mateixes que li han recomanat a en Sebastià. S'ofereix per telefonar al farmacèutic de Benilloba, perquè si no les té les demani i aquesta tarda les hi puguem recollir.

Anem a beure aigua fresca a un bar de la carretera, on no hi ha ningú, i la mestressa ens diu que d'aquí mateix surt un camí cap a Penàguila. Cal baixar al barranc i enfilar-se per l'altra banda. Penàguila, pel nom i per l'emplaçament, ja m'atreia abans de començar el viatge, i proposo a en Sebastià de fer aquesta volta, fora del camí de Benilloba. Immediatament em diu que sí, no tant, penso, perquè jo he comprat, per estar més tranquils, les pastilles que tenien a la farmàcia, com per compensar la frustració de no haver entrat a Ares.

Penàguila

Abans d'arribar a Benasau havíem deixat enrere el ramal de carretera que volta cap a Alcoleja i cap a Penàguila, i aquest camí que agafem ara, que hi va de dret, per força és més accidentat. La baixada al barranc no és cap problema, però entrar en un barranc és com voler jugar a la borsa geogràfica, sabent que després d'una baixada hi haurà una pujada. Vist des de Benasau, Penàguila semblava estar a la mateixa altura, però ara el veiem molt amunt, des del fons de la vall. No sé si hi havia àguiles, en aquesta muntanya, el nom sembla indicar-ho, però el cim més alt té una forma retallada que té una certa semblança amb el cap d'una àguila. Ja camí amunt, veig per primera vegada en aquest viatge uns extensos camps de pomeres, pruneres, presseguers. Aquí hi ha una terra que deu ser escassa a la vall de Guadalest. Ens enfilem per aquesta solana —«això és un altre Trestellador», ens diem— i amb paciència arribem a les portes del poble, que no és tan petit com m'imaginava i té un aspecte francament agradable. L'antic castell està arruïnat, però en aquests carrers nets, frescos, acollidors, es conserven alguns casals notables: aquí hi havien tingut palau els Fenollar i els marquesos de Guadalest. Penàguila va ser vila reial, i tenia vot a les Corts del Regne de València.

Hi ha un arc antic en una bonica raconada, testos amb flors als carrers. Al llarg del passeig sento el so d'un violí. No és la ràdio ni la televisió, és algú que està tocant en l'interior d'alguna casa, música en la penombra contra l'aclaparadora calor de fora. Seguint el fil del so que ens arriba, tombem una cantonada i ens aturem finalment davant el número 74 del carrer de la Verge del Patrocini. Ens sembla que la música ve d'aquí. Escoltem una estona, el noi o la noia que toca no sap que l'escolten uns forasters admirats. Quan seguim carrer avall, trobem una dona i li preguntem: «Sap qui és, que toca el violí?». La dona fa cara d'estranyesa. «Violí? En aquest poble no n'hi ha cap, de violí. El que hi ha és un piano.» Encara el sentim, mentre parlem, o almenys el sentim en Sebastià i jo. La dona s'allunya movent el cap, segurament pensa que els forasters pregunten unes coses molt estranyes.

En un encreuament de dos carrers hi ha una camioneta aturada, que ve de Xàtiva. L'home porta melons i síndries. Quan s'hi acosta algú intenta la venda. «Un cabàs, 1.500 pessetes!» Són cabassos grans, plens de melons. Una dona li pregunta a quant va el quilo, i l'home fa una ganyota de menyspreu, remuga: «El quilo?, a seixanta o així». També ven tomàquets. En caixes. «Sí que en tinc.» «A quant?» «A quatre-centes, és el que em costa a mi.» La dona dubta. «És l'última», avisa l'home. Hi ha qui remira un cabàs i diu: «Este meló està cucat». El venedor fa un gest com si espantés una mosca, «no n'hi ha cap, de cucat». S'acosten dues dones, l'una assenyala una síndria i diu: «És dolceta, esta?». «Molt dolceta, la més dolça que hi ha.» «Però té una cara que...» «És el sol, dona! Te les dono a tres-centes, que em costen tres-centes.» L'altra dona pregunta «a com són els melons». «Un a 200, i dos a 300. I quatre, a cent duros.»

Ens quedem sols, el de la camioneta i nosaltres. Aleshores veu passar una dona, carrer amunt, i crida: «Va, Maria, que t'espere!». Suposo que ve cada setmana, a Penàguila, i li dic que deu conèixer totes les dones. «No, jo crido Maria, i a voltes l'encerte.»

Toquen campanades a Penàguila, són les dotze del migdia. És hora de buscar el camí de Benilloba, abans que el sol sigui a dalt de tot. Ens indiquen quin és el millor, encara que cal tornar a passar pel barranc. A la sortida del poble hi ha una mena de passeig, discret i ombrejat. En una paret encimentada que aguanta un talús, una llarga col·lecció de diverses pintures que tenen en comú les quatre barres, en una de les qual la bandera està a punt de sortir d'una gàbia. També hi ha unes figures dalt de cavall, que no sé si són Jaume I o Sant Jordi. I inscripcions: «Som una nació». «Sense blau.» «Som i serem valencians malgrat tots.» Són una vintena de metres, o trenta, una exposició permanent de l'activisme plàstic.

En el punt indicat, trobem el camí que baixa vertiginosament cap al barranc, i quan arriba el moment de remuntar-lo per l'altra banda, el cel, afortunadament, és tapat, però la pujada és molt dreta. Només, en un racó, un petit replà amb oliveres, i entre les oliveres una única perera plena de fruit. És una meravella: el verd de les oliveres és d'un gris finíssim, en l'ombra, i en aquest quadre gris les peres grogues i vermelles semblen taques de pintura fresca, petites bombetes enceses.

Costa arribar a dalt, i finalment el camí connecta amb la carretera que havíem deixat a Benasau; es veu Benilloba molt a prop, un poble estirat, i al darrere una plana àmplia. No hi entrarem, demà, en aquest pla, Benilloba és el punt més a ponent del nostre itinerari: demà girarem cap al nord i anirem a buscar la vall de Seta.

Error a Benilloba

Haig d'anar al carrer Major i trucar a la casa número 34. Des de Barcelona havia parlat per telèfon amb Víctor Gómez. M'havien dit que ell em podria dir si era possible trobar allotjament a Benilloba, i la informació que em va donar era desanimadora: a Benilloba mateix era impossible. Però hi havia una mena d'hostal, allunyat del poble, en un indret, em deia, molt tranquil i agradable. Quan li vaig dir que jo volia quedar-me al poble, també al vespre, per viure-hi més, s'oferí a dur-me a l'hostal en cotxe. Li ho vaig agrair, però potser em podria quedar a Penàguila, i ja hi adaptaria l'itinerari. Davant la meva tossuderia va dir-me que no em preocupés, que si em conformava a dormir en una llitera podria dormir a casa seva, on no sé si una germana o una cunyada em deixava la seva habitació. La referència: Llúcia Casanova, Major 34.

És fàcil trobar la casa. La porta és tancada amb clau. Però en veig una de penjada darrere la cortineta. Deuen haver sortit, i han deixat la clau perquè puguem entrar i descarregar-nos de les motxilles. Obrim la porta, deixem les motxilles en un racó i penso que el més correcte és redactar una nota per a la Llúcia i voltar una mica pel poble, i potser dinar, esperant que tornin. Arrenco un full del meu bloc i escric: «Ja hem arribat. Anem a dinar. Tornarem després». Sortim al carrer, tanquem la porta i deixem la clau al seu lloc.

Mentre decidim per on tirem, surt un noi de la casa del costat i em saluda, es presenta: «Sóc en Víctor». Li explico que hem deixat les motxilles al 34 i resulta que aquella no és la seva casa, sinó la d'una veïna. «Però m'havies dit el 34...» Darrere el noi han sortit dues noies, i tots ens mirem la casa on ens esperaven, a la façana de la qual no hi ha cap número. Una de les noies diu que sempre havien cregut que el 34 estava damunt la seva porta. O sigui que ens hem ficat en una casa que no era, i hem de tornar-hi a entrar de seguida per recollir les motxilles i retirar el paper que havíem dipositat sobre una tauleta, ben visible, i que hauria deixat la veïna totalment desconcertada. Tanquem la porta i pengem la clau darrere la cortineta. Com si no hagués passat res.

Ens diuen si volem dinar, però jo proposo que ens acompanyin a fer-ho en algun lloc del poble. En Víctor, la seva dona Llúcia i la cunyada, Verònica, dues noies molt joves, ens porten al Casino, que és un bar on també fan cuina. Mentre dinem, en Víctor m'explica que és professor a Sueca i que allò que li interessa més és estudiar els costums del país, i els mites col·lectius que investiga a través d'entrevistes amb la gent gran. El preocupa el despoblament de Benilloba, em diu que durant aquest any només ha nascut un nen i que no hi ha cap dona embarassada.

Dinem amb gana, i ja ens ho avisava, al llarg de l'itinerari d'avui, la quarteta popular: «En Ares i Benasau / tinc molta fam escampada / i arribant a Benilloba / ja la tinc arreplegada».

Passeig de foraster

Descanso una estona en una de les lliteres, la de dalt, que hi ha en l'habitació que ens ha cedit la Verònica. S'ha excusat perquè la trobaríem plena de ninots, molts records d'adolescència i diversos objectes personals. Al contrari, li agraeixo la confiança i miro amb respecte cada un d'aquests petits testimonis d'unes experiències que em són estranyes, però que per a Verònica tenen, totes, un sentit. A la casa d'un altre, el que veiem no és el que és.

Apunto en el bloc la fórmula de la *mentira* que m'han donat al Casino. És una beguda que s'ha fet molt popular entre els joves, i sembla que molts la consumeixen amb perillós entusiasme. És una combinació de cafè-licor —un producte comercialitzat amb marques com Cerol o Sancho—, que és cafè, sucre i alcohol (disset graus) —i de granissat de llimó. Sembla que, les nits de gresca, els devots en beuen copiosament. No sé per què en diuen *mentira*, potser perquè és una beguda que enganya.

Sento ploure una mica, però quan surto de casa el carrer és sec. Són les sis de la tarda i fa molta xafogor. Me'n vaig a veure la Llar de jubilats, que en aquests pobles sol donar informació de com s'hi viu. No els avisos a les parets, sinó la informació més imprecisa però suggestiva que dóna l'observació de la gent. D'avisos n'hi ha, i de tota mena. S'anuncia un curs de manipuladors de plaguicides. El programa de vacances d'Inserso proposa, entre d'altres, un viatge a Tossa, del 17 al 30 d'agost, per 42.000 pessetes, un a Pineda de Mar, al setembre, i un altre a Torremolinos, la primera quinzena de novembre, per vint-i-cinc mil. També es fa promoció del «termalisme social» i es convoca un curs de gimnàstica de manteniment. Tot això està molt bé, la llàstima, per a un foraster com jo que ha decidit passar un dia d'estiu a Benilloba, és que en aquesta Llar només hi ha quatre homes jugant a cartes, als quals no es pot destorbar. Potser per això el local sembla massa gran i abandonat i de fet ho és.

En surto aviat i en un xamfrà veig una porta estreta, mig oberta, i a la paret aquest petit rètol: «Moros del Arrabal». Entro i això deu ser el local d'una societat, amb taulell de bar, però un noiet em barra el pas —«què vol?»—, fan reformes i està tancat.

Em queda el recurs de conèixer el Calvari, que és aquí mateix, incrustat en el que en diríem l'eixample del poble. El gran atractiu d'aquest vessant de turó són els xiprers, molts xiprers, alts i esplèndids, segurament centenaris, amb uns troncs amples que a poca distància del terra ja s'articulen en braços diferenciats, com si fossin múscuIs de fusta, escultures que semblen de talla harmònica i vigorosa. L'espai és ampli i hi ha hagut la intenció d'ordenar-lo com a parc, però la conservació ha estat massa abandonada. Els veïns de Benilloba tenen molt ben arreglades les façanes però en l'àmbit municipal em sembla que hi ha un punt de desconcert. A mig Calvari, a la dreta, hi han fet un recinte amb la piscina del poble. No sé per què tinc la impressió que es considera que del terreny del Calvari se'n podria treure més rendiment.

El cel està ennuvolat i sento algun tro llunyà. Torno a ficar-me al poble i passo per davant d'una casa que té una imatge a la façana i aquesta llarga explicació: «*El Exmo. e Ilmo. Sr. D. Mariano Barrio y Fernández, Arzobispo de Valencia, en 14 de mayo de 1863 concedió 80 días de indulgencia al que con devoción rezare un padrenuestro, avemaría y gloria patri delante de esta imagen del Arcángel San Miguel*».

Confesso que vuitanta dies em semblen molt poca cosa comparats amb l'eternitat, i no reso el parenostre ni l'avemaria ni el glòria patri, i en canvi me'n vaig al Casino —on hem dinat—, que és aquí mateix, amb la confiança de trobar-hi gent, veure cares i sentir veus, i sentir-me finalment veí de Benilloba, perquè fins ara no he deixat de ser foraster. Però el Casino està tancat! Me n'aniré a resar el parenostre davant la imatge de Sant Miquel, perquè em sigui perdonat el renec que he engegat davant la porta tancada del Casino.

Dins les cases

També trobo tancada la botiga-super. Pregunto si hi ha algun lloc que em pugui acollir i em diuen «La Ponderosa», a la carretera. No és un nom que em faci gaire il·lusió, però me n'hi vaig. La Ponderosa és un edifici prou gran, baix i estirat, que s'anuncia com a bar i restaurant. Hi soparé, i mentrestant m'estaré aquí, ja que no he sabut veure a Benilloba aquella plaça popular, on unes quantes persones seuen en un pedrís, o en les cadires que treuen d'un petit bar, i miren qui passa i s'expliquen històries. És aquí, a La Ponderosa, a la carretera, on a més de jugar a cartes hi ha tres o quatre persones que conversen. Descobreixo al fons una terrassa, amb plantes, penjada sobre el camp. S'hi està molt bé.

He sopat ben atès, s'ha anat fent fosc i m'he adonat que aquest bar de carretera és l'única plataforma social —em diuen que la Llar ja ha tancat— que avui és viva a Benilloba. Segur que si el Casino hagués estat obert aquest vespre hauria estat una altra cosa, per a mi. L'atzar no sempre va a favor, i el temps de qui va de pas és molt fràgil.

Torno a la casa i hi trobo els qui generosament m'han acollit. Uns minuts de conversa, abans d'anar a dormir, em permeten saber-ne alguna cosa més. En Víctor es va llicenciar en filologia catalana a la Universitat de Barcelona i ara és professor de català en un institut de València. Ha publicat un llibre força venut, *La mestra*. El que l'apassiona és treballar sobre els éssers fantàstics de l'imaginari valencià. Té un aire d'home pacífic i em sembla que fa una vida més aviat tranquil·la i retirada del brogit. Viu a Sueca, ara passa uns dies aquí, i si no fos que l'institut és massa lluny li agradaria quedar-se a viure a Benilloba, en aquesta casa que és de la Llúcia, la seva dona, que hi va néixer. La Llúcia és llicenciada en dret, i més jove. Es van casar el desembre. La Verònica vol estudiar enginyeria tècnica a Alcoi, i mira més que parla, almenys ara. Tenen un gos, que es diu *Arlot*, i en Víctor m'explica que és el nom que es donava, a l'època medieval, a l'home de taverna.

Quan els manifesto la meva estranyesa perquè venint cap aquí, des de la carretera, no he vist ningú pel carrer, ni cap dona a la porta de casa parant la fresca, i que el poble, en general, l'he trobat buit, m'explica que molta gent treballa a casa, per a una indústria d'Alcoi. Que l'agost és precisament un mes de treball intens, perquè al setembre la feina ha d'estar enllestida.

Els dono per última vegada les gràcies i en Sebastià i jo ens retirem a l'habitació de la Verònica, que no sé on haurà de dormir, i m'enfilo a la llitera. Com si hagués embarcat en un vaixell que demà, quan apunti el dia, iniciarà una altra navegació.

4.
DE BENILLOBA A BALONES

Pas per Gorga

Esmorzem a La Ponderosa. Ahir era un punt de llum en la nit, en aquest inici de matí és un punt de parada. Veig que s'ha aturat una camioneta i entra un home a fer un cafè. Al meu costat n'hi ha dos que mengen un entrepà. Es pot ser un devot dels cafès de poble i, alhora, agrair que de tant en tant, carretera enllà, algú tingui una porta oberta des que es fa clar. L'home que em va atendre ahir, a l'hora de sopar, ja hi és. Pago l'esmorzar, però penso que pago per un servei públic.

Refem l'últim quilòmetre d'arribada, ahir, a Benilloba, fins on surt la carretera que va a Gorga. És una recta llarga, miro a dreta i a esquerra i el terreny és pla, el primer i possiblement l'únic gran pla del viatge. No durarà pas gaire, potser vint minuts. Ara anem cap al nord. L'itinerari del circuit que ens tornarà a Callosa és una mena de rectangle molt allargat, i avui ens toca fer el costat de l'esquerra —mirant el mapa—, o sigui el de ponent. Demà, des de Balones, girarem cap a llevant per començar a fer el costat de dalt.

En aquest pla de Benilloba hi ha alguns masos escampats, fileres de bonics xiprers i extensos rostolls que semblen de camps de blat. Passa una alosa.

Sento un repic d'esquelles, llunyà, i veig a mig aire d'un turó uns punts clars que es mouen, un ramat de bens. I per completar el pessebre rural, una dona travessa els camps per un camí que, una mica més enrere d'on som ara, anirà a parar a la carretera. Tot plegat és un quadre d'un paisatgisme naturalista que contrasta amb les imatges de valls profundes i cingleres solitàries que aquests dies m'han omplert els ulls. Però el camí pla s'acaba passat el tossal del Moro, quan el riu de Seta i la confluència de barrancs excaven el sòl i cal baixar als gorgs, superar els meandres i tornar a pujar, amb curts i cargolats revolts. A baix hi ha hagut un alè d'aire fresc, i un cop altra vegada a dalt sembla que el sol escalfi més.

Remuntada una costera, que també zigzagueja, apareix el campanar de Gorga. És el primer poble que em rep amb campanades. Gorga és petit i es troba en un indret recòndit, i potser per això avisa que hi és. La gent de Cocentaina, que és vila gran prop d'Alcoi, i pertany com Gorga al Comtat, es divertia fent veure que empaitava un gos i li cridava: «Xitxo, fuig del món i passa a Gorga!». Com si Gorga fos d'un altre món.

Quan m'acosto a Gorga sento un soroll mecànic. És una petita indústria de marbre que hi ha als afores i el soroll el fa una màquina que talla el marbre en peces. Sempre m'ha agradat sentir sorolls quan entro en un poble, l'estiu passat va ser el ferrer de Cretes que picava rítmicament amb el mall. El soroll d'un ferrer, és més poètic que el soroll d'una serra mecànica? Per a mi és una distinció insignificant. Quan entro en un poble, a peu, m'agrada sentir qualsevol soroll —la diversitat de sorolls és infinita—, vull dir un soroll produït per l'home. Trobar-hi un soroll continu, persistent, és com trobar en aquell poble una respiració, una veu que n'anuncia d'altres.

Gorga té només un carrer, que automàticament és el Major, i hi donen carrerons, com reconeixen justament les plaques: carreró de l'Església, carreró del Forn, carreró de Sant Joaquim... És un poble perfectament posat en un llom de roca —envoltat, doncs, de terres més baixes i un barranc— i té forma de peix. El cap és a la Placeta i la cua, on acaba l'espina del carrer Major, és el petit espai anomenat l'Ereta. Diminitiu d'era, és clar. Els noms aquí són populars, carrer de la Font, de la Creu, i no hi veig els Jovellanos, Lope de Vega i companyia de Benilloba.

Ha arribat la camioneta dels dimarts, que porta a Gorga fruites i verdures per vendre. Si jo fos un gos, no em faria res que em diguessin: «Xitxo, fuig del món i passa a Gorga!». M'agradaria estar-hi més temps, aquí, en aquest poble que té l'espai tan definit i un aire tan natural, però no ens hi entretindrem més, perquè ens hem proposat no anar directament a Balones, sinó fer la volta per Billeneta. Però tinc temps, abans de sortir de Gorga, de felicitar una senyora per la impecable netedat de la façana de casa seva, per la gràcia amb què ha posat els testos de colors... Em diu, amb la senzillesa de la convicció: «Els pobles petits els hem de tenir polidets...».

Quan el poble s'acaba, d'on surten tres carreteres —la de Billeneta, la de Balones, la de Quatretondeta— veiem un edifici modern, diu: «Llar de la Tercera Edat», i no ho dubto que ho sigui, però és una bona idea això d'haver-la instal·lat en una cruïlla de camins. Als vells els agrada veure qui entra i surt del poble, i el local pot viure millor gràcies a la gent de pas que s'hi atura per esmorzar. Com nosaltres.

Ja en camí, trobem un home assegut al marge, que té un sac plegat a les mans. Li pregunto per què duu aquell sac. «Per si cullo alguna bresquilla.» A l'Alt Maestrat també en diuen bresquilles, dels préssecs del país, ho vaig sentir a Tírig per primera vegada. Hi ha paraules que, com les fruites, maduren amb el temps, plenes de suc de records.

Ve una recta que puja, i quan sóc a la meitat sento dues campanades. Dos quarts. Giro el cap enrere. Vénen del campanar de Gorga, que ja m'havia saludat quan m'hi acostava. Campanades d'alçar el teló i campanades de baixar-lo. Molt bé, Gorga. Adéu. I en aquest moment recordo que vaig copiar al bloc uns versos que Sanchis Guarner recull en el seu llibre de dites populars valencianes. Els quatre primers versos són aquests:

> Els fadrins de Gorga
> ja no pinten res;
> els que pinten ara
> són els forasters.

Els quatre versos següents semblen una rèplica carregada de raó:

Sí que pinten, sí,
sí que pintaran,
perquè els forasters
vénen i se'n van.

Exacte. Després d'un revolt, Gorga es perd de vista.

*Billeneta i l'*apellido

Ara engega l'orquestra monofònica de les cigales, que sempre acompanya les pujades a ple sol. És un insecte de nom més expressiu en castellà, *chicharra*, l'onomatopeic *chi-chi-chi* que sembla fregir l'aire.

Ja es veu Billeneta, més amunt, mig dissimulat en una muntanya pelada, i l'únic contrast és el campanar atrevidament vertical. Ja tornem a ser per damunt dels sis-cents metres, on les passes són més curtes però els ulls troben camins més llargs, i és amb els ulls, que es viatja.

Prop del poble, en Sebastià s'atura a collir unes quantes ametlles, gairebé és irresistible, perquè hi ha ametllers que allarguen les branques fins a la carretera. Agafa una pedra, les trenca i ens les partim. La primera és inesperadament amarga, i cal menjar-ne immediatament una altra que no ho sigui. No es pot saber, mirant-lo, si un ametller fa ametlles dolces, com mirant Billeneta no podem saber quin gust tindrà. En un viatge a peu, no hi ha altre remei que renunciar al poder i al prejudici de triar per les aparences, no es pot saltar res i cal tastar-ho tot.

A Billeneta, en un contrafort de la serra d'Almudaina, hi hem d'entrar per un carrer on fan obres, i dos homes que hi treballen s'han d'apartar per deixar-nos pas. No sé què deuen pensar dels dos desconeguts que arriben a peu. El que pensen els desconeguts és que treballar al carrer sota aquest sol d'agost, i aguantant la polseguera que fa un mateix, només es pot fer amb molta calma, i que si el nostre pas serveix perquè s'aturin un minut, i ens mirin com anem carrer amunt, ja som benvinguts.

Billeneta, que oficialment es diu Millena, és un poble petit, i les obres encara limiten més l'exploració. El carrer Major está totalment esventrat i ens aturem allà on comença, en una plaça on hi ha un om solitari i esplèndid, com si diguéssim una cambra de descompressió i respiració. Aquest om i la seva ombra, és el centre d'acollida de forasters. Suposo que la gent s'ha tancat a les cases, protegint-se de la pols i el soroll de les obres. Fins i tot un gat s'ha amagat en una branca de l'arbre.

Passa un home i m'explica que han obert el carrer Major per instal·lar-hi una nova conducció d'aigua, que pel primer tram no s'hi pot passar. Em sembla que sí, però el vell va amb bastó i ho té efectivament difícil. Com que el camí cap a Balones s'ha d'agafar al final del carrer, em dóna d'una manera tan amable com complicada les instruccions necessàries per desviar-me i arribar al capdamunt. Però veiem que una dona, una mica més amunt, intenta caminar entre el fossat i els munts de terra, i ens hi endinsem, mirant molt bé on posem els peus. La dona s'acosta, fent equilibris, i quan passa pel nostre costat deixa anar espontàniament una frase que ja no pot ser més popular: «Aquí ensenyarem hasta l'apellido».

A Balones, per dalt

Superat el tram accidentat, ja al capdamunt del carrer, preguntem a un home el camí de Balones. «N'hi ha dos», diu. Malament. Ens aconsella seguir recte, fins a trobar un dipòsit, i aleshores girar a l'esquerra. «Hi porta de dret», diu. Aprofito el diàleg per preguntar-li què és aquesta casa que hi ha aquí, moderna, de grans dimensions, que sembla deshabitada. «Sí, és nova, però no hi viu ningú. La va construir una família del poble, per traslladar-s'hi, i pensant que també hi anessin a viure els fills.» «I no ho han fet?...» «No. La família continua vivint a la casa de sempre.» No goso preguntar per què. Em miro l'edifici, com si diguéssim el palau burgès de Billeneta, acabat, intocat, una idea que algú va tenir fa pocs anys, un somni, aquests somnis descontrolats, potser sentimentals, que a vegades es tenen quan s'han fet diners. I ara el somni és tancat. Què se'n farà, d'això?

Arribem al dipòsit d'aigua i agafem el camí que l'home ens ha dit. S'enfila, comença a regirar-se seguint el contrafort de la serra. Arriba un moment que ens sembla que veiem la vall de Seta massa avall. Calia pujar tant per anar a Balones? I baixar una mica i tornar a pujar? No hi havia un camí que baixés ràpidament cap a la carretera? De cop, en passar un barranc, la pista s'estreny, però ja no tenim més opcions. El camí es fa indecís fins a trobar una petita construcció, i llavors s'aferma. Però la sensació d'error —al fons de la vall veiem un cementiri, deu ser el de Balones, i un tram de carretera que brilla amb el sol—, la convicció que ens hem complicat la vida la intento compensar admirant la geometria de bancals al vessant de la muntanya, pensant bestieses com que els murets paral·lels de pedra semblen ratlles d'una enorme partitura, entre les quals hi ha les notes repetides dels ametllers, i després trobem un motiu més realista per relaxar-nos: el caminet és ple de cartutxos. Una estesa de tots colors. Sembla més un balcó de tir que el lloc des del qual algú volia caçar conills. Durant cinquanta passes trepitgem cartutxos, i el camí sembla menys pedregós.

Sentim campanades, tranquil·litzadores, que ens sembla que vénen d'una mica més avall d'on som. El camí fa una volta i de cop veiem Balones, a sota mateix. Hi entrarem per dalt, doncs.

Als afores hi ha alguna casa, acabada d'estrenar, cases d'estiueig, pintades de colors pastissers, orientades cap a la vall, una vista magnífica, amb la imponent Serrella al fons. Són cases moníssimes, per entendre'ns, cases grans però amb tots els tòpics detallistes, diminutius, les terrassetes, els porxets, els jardinets amb esculturetes... N'hi ha una que sembla que l'han deixat a mig fer, no sé si l'acabaran, abans el diner era més fàcil.

«*T'estime, Balones*»

Si haguéssim entrat per baix, per la carretera, ara hauríem de pujar totes les costeres del poble, perquè la casa que busco és aquí dalt. Al carrer de la Verge dels Dolors. És un allotjament rural, i Isabel Martí, des de l'editorial, havia emparaulat dues habitacions amb una senyora que per telèfon li va dir que era anglesa. Aparto una cortineta i empenyo la porta. Veig un home assegut en un sofà, mirant la tele, que quan em sent entrar gira el cap i somriu. Apareix una dona. Són Michael i Demelza Whittock. Em fa l'efecte que sóc en una d'aquelles cases de Kent, de Sussex, d'Escòcia, on tantes vegades m'he acollit al règim de *bed and breakfast*, llit i esmorzar. El cas és que Mrs. Whittock ens convida a seguir-la, escales amunt, i ens mostra les habitacions, àmplies, que amb el bany deuen ocupar una planta sencera. També hi ha cuina, amb un equipament que no farem servir, i una nevera en marxa, amb aigua fresca i algun suc. Demelza ha pujat amb ella un llibre-registre, i ens prega que hi posem el número del DNI, l'adreça i que signem. En la pàgina que ens toca hi consten quatre o cinc visitants valencians, Mr. i Mrs. Dave, de Cornwall, i ens hi afegim nosaltres.

Això d'haver fet la primera aproximació a Balones parlant anglès, sense adonar-me'n, ara penso que és ben estrany. Però si moltes fondes d'aquest país han tancat, i van arribant-hi estrangers, als pobles, ens haurem de fer políglotes. És veritat que també sorprèn el nom de Balones, i més avui, quan fins i tot a l'agost la televisió transmet partits de futbol. Però aquest Balones no té res a veure amb les pilotes, Coromines em tranquil·litza: prové de l'àrab *banuna,* que equival a «dolç, plaent», i l'origen del nom del poble tan pot ser un epítet geogràfic, lloc plaent, com el sobrenom d'una persona.

Desempallegats de noses, anem carrer avall a comprovar si el poble és tan plaent com suggereix el nom. I mai no havia entrat en un poble que m'obligués tant a mirar a terra. Tots els carrers són plens de dibuixos de colors, que el sol sembla que no despinta, i de textos al·lusius, sovint, al nom del carrer. Tocant a la plaça, a terra han pintat un sol i han escrit un seguit de versos: «T'estime, Balones, / poble ric en llum i en color; / paisatges hermosos / que t'abracen plens de dolç amor. / Les dones i els hòmens / atresoren gràcies i valor. / Si algun dia jo m'allunye de tu / el teu record viurà dins del meu cor». De retorn a Barcelona, en un llibre de Manuel

Picó descobreixo que aquest text és un fragment de la lletra d'un pasdoble que es diu *Balones*. Va ser una idea del senyor Picó, i va convèncer Maria Andrés Blasco perquè compongués la música. Amb arranjaments per a la banda de Gorga, fets per Tomàs Olcina, «el pasdoble pogué estrenar-se, per fi, a la plaça del nostre poble, enmig de grans mostres d'emoció i d'entusiasme». L'any 1994, després de la processó de Sant Francesc, va ser cantat dins l'església.

És curiós com és que tinc, quan escric aquestes ratlles, el llibre de Picó al davant. Al bar L'Almàssera, on dinaré, hi ha un senyor que fa el vermut amb altres i que m'ha reconegut. Es diu Josep Segura i és barceloní, però el seu pare era d'aquí. Em presenta el xicot que és l'amo del bar, i les dues noies que també hi treballen, que són la dona i la cunyada. I al cap d'una estona el noi del bar em porta a la taula un llibre sobre Balones, per si em pot interessar. I tant! És un llibre bastant extens, que pesa força, i em dic que no em decidiré a carregar-lo la resta del viatge, dur el mínim pes és la llei bàsica del caminant. El fullejaré aquesta nit, prendré alguna nota i hauré d'abandonar-lo, a la casa on sóc, o on sigui. No goso confessar-li aquesta intenció, a una persona que ha volgut ser tan discretament útil. El cas és que a la nit em llegiré el llibre per sobre, apuntaré alguna cosa... i l'endemà no hi pensaré més. De fet, no el veuré enlloc. I és que en Sebastià, sense dir res, l'havia ficat a la seva motxilla, d'on el treurà, amb gran sorpresa meva, quan arribem a Barcelona.

Si hem dinat al bar L'Almàssera és perquè l'altre restaurant de Balones, que és a la part baixa del poble, davant el panorama de la Serrella, estava tancat. En Sebastià s'ha adonat que algú —un repartidor— havia deixat tres barres de pa en una finestra, i això permetia suposar que al vespre obririen. I així hem anat a L'Almàssera, i el noi que el porta m'ha donat el llibre, i el que ja no és fruit de l'atzar sinó de la dedicació és com aquests tres joves fan funcionar el seu petit local, que a fora té un parell de taules que es pot dir que ja són la frontera de la muntanya. Tots tres són actius, simpàtics, i han aconseguit que aquí s'hi barregi gent diversa. Quan ens serveix la cunyada, li pregunto com es diu. Ho pronuncia molt rodonament: «Rosalia». És una noia que té presència, de cara fresca i que es mou amb un punt de solemnitat. Li dic que li escau, aquest nom, que ja no es deu posar gaire. Diu, amb tranquil·la rotunditat, satisfeta: «El meu avi diu que Rosalia sí que és un nom que és nom».

Veig, amb sorpresa, que una senyora juga a cartes amb tres homes. Tots quatre estan capficats en el joc. Com en un poble qualsevol, però aquí un dels quatre jugadors és dona. Porta un bonic vestit d'estiu, que omple de color tot un costat de la taula, amb margarides blanques de botó vermell, un vestit vistós però prou elegant.

Ha arribat a dinar una parella gran, ella amb dos bastons. Abans els he vist sortir d'una casa, i a poc a poc han pujat costera amunt, cap al bar, a dinar-hi perquè ella no tingui feina, i ara me'ls miro, asseguts prop de la porta, i ells també miran la gent, i desfan, feliços, els sucres en els seus cafetons.

Veig que el noi, l'amo, que es diu Joan Ramon, ara juga en una taula. Abans ha jugat en una altra. No m'estranyaria que ho fes per ajudar a engegar partides, en aquesta taula faltava un jugador. Mentrestant, la dona, que és la cuinera, i la cunyada Rosalia, s'han ficat darrere la barra, a fer cafès. A les feministes d'escassa sensibilitat popular no els agradarà saber que, a Balones, no és costum nomenar el marit pel seu nom; en diuen «el meu». Ni «el meu home», simplement «el meu». I és clar, els homes diuen «la meva». I tinc la impressió que no per això el tracte que es té aquesta parella deixa de ser *banuna*, és a dir, plaent i dolç.

Faig saber a Joan Ramon que em sorprèn la diversitat de gent que té al local. Em diu que sí, que els joves conviuen amb els grans, que aquesta dona que juga a cartes amb el homes és d'aquí.

—Miri, li explicaré una cosa que ho diu tot: els vells no van voler una llar de jubilats. Diuen que es volen barrejar amb tothom.

Estic content de ser a Balones. I això que quan surto al carrer corren pel cel uns núvols d'un gris brut i tempestuós. «Santa Bàrbara va pel camp / buscant a l'Esperit Sant. / L'Esperit Sant no pot eixir / perquè tres núvols veu venir: / u de foc, u de pedra / i l'altre que rellampega.»

Anem a descansar una estona a la casa dels senyors Whittock. Cauen unes gotes grans, espaiades.

Altres temps

Amb les cames estirades, fumant una pipa, llegeixo algunes pàgines del llibre que m'han regalat. El senyor Picó escriu que «els musulmans sols estigueren al nostre poble cinc-cents trenta-un anys, però deixaren una petja molt forta...». Diu *sols* 531 anys... Més de cinc segles no em sembla pas poc temps, són moltes generacions, i per això, més enllà de la barreja de sangs, el substrat àrab és molt fort. En la història de la conquesta del Regne de València per Jaume I hi ha un personatge musulmà, guerrer fenomenal, conegut amb el sobrenom d'al-Azraq, que vol dir «el Blau». Sembla que era un príncep, nascut a Alcalà de la Jovada, diuen uns, o sigui prop de Balones, a qui van donar aquell nom pel color dels seus ulls. Es posà al capdavant de la rebel·lió dels musulmans contra el rei i ocupà diversos castells, entre els quals el de Penàguila. L'ajudava Alfons X de Castella. Després de l'ordre d'expulsió dels musulmans (1248), molts es van afegir a les forces d'al-Azraq. Enganyat per Jaume I, va haver d'abandonar el país, però anys més tard hi tornà i es va fer famós en el territori pel qual ara camino, com a cap destacat de una nova revolta general, fins que morí en combat a Alcoi, l'any 1276. La seva mort fou atribuïda a la intervenció de Sant Jordi...

Aquests fets són a l'origen de les festes de «moros i cristians», que és una commemoració de la victòria sobre els infidels. Manuel Picó escriu un graciós comentari: «Per una corrupció del malnom al-Azraq, que era massa difícil de pronunciar per als cristians, li deien "el Drac". Us sona eixe nom? Tots l'hem oït quan érem xics. Les mares, enutjades amb els fills per una truaneria, ens deien: "Si no eres bo, cridaré el Drac!". Puix bé, eixe Drac no era altre que el famós al-Azraq, el que sempre havia fet tanta por als cristians de la comarca...».

El passat de Balones no tan sols es confon amb les llegendes, sinó que està documentat per moltes troballes, i la més important és la dels anomenats «toros de Balones», també en diuen *bichas*, que són dues escultures ibèriques d'animals, de les quals pràcticament només es conserva el tronc.

Picó parla de les formes de vida d'altres temps, dels costums, de les malalties... Ha trobat referències extraordinàries. En transcriuré dues. Hi havia diverses causes que produïen una alta mortalitat infantil, i en un cas el rector ho certificava així: «Murió ayer por no querer mamar». I en el registre de defuncions s'hi pot llegir la referència a la mort d'un infant acabat de néixer, que «murió ayer de un ataquito».

Tots devien ser duts al cementiri, que en una bonica expressió de Balones és «la caseta on no pasten».

Quan surto de casa, ha tornat a lluir el sol i fa calor. Me'n vaig poble avall, a veure si ha obert el bar instal·lat al magnífic passeig-mirador, enlairat sobre la carretera, amb vista oberta sobre la vall de Seta. No, encara és tancat. I les barres de pa continuen a la finestra.

Seiem en dues cadires de la terrassa del bar, mirant el massís de la Serrella. No triga a atansar-se un home que camina amb problemes, ajudant-se amb un bastó. Veu que «El Balcó de Seta», que és el nom del restaurant, té les portes tancades, i se n'estranya. Li diem que no hi ha cap avís, però que confiem que només faran unes hores de festa. Nosaltres hi voldríem sopar, avui. «Si hi ha el pa...» No vol dir res, això, els repartidors no deuen haver rebut cap contraordre, però, en fi, «si hi ha el pa...».

L'home ens diu que hi venia a prendre un refresc i a seure una estona. S'excusa perquè parla lentament, ha tingut una embòlia, i sí, li costa una mica, però construeix perfectament les frases. Com que li preguntem si plourà, ens diu que no convé que plogui, ara. «Si plou fort o pedrega, es fan barrancs, als camps, i si plou poc es corquen les olives.» Ara va regularment a recuperació, i és el fill qui porta la finca que tenen al pla. Articulant pacientment, explica que la dona no vol que hi vagi sol, al cafè. «És que si ara caigués, saben, jo sol no podria alçar-me.» La fatalitat és cruel. Em sembla un home capaç, que devia estar en plenitud de les seves forces, i no tan sols físiques, i em costa, potser perquè em dol, imaginar-me aquest home un any enrere, però en la dissort es mostra amb una sòbria dignitat. Diu que se n'anirà, doncs, al bar de dalt, i miro com s'allunya, a poc a poc, pel carrer que puja, amb tossuda voluntat.

D'aquí estant es veu, al pla, a l'altra banda de la carretera, la taca blava d'una piscina. Una piscina entre ametllers. Sense cap distanciament d'artifici. El blau de luxe reflectint el verd modest, una mica polsós, dels ametllers joves.

Aixeco els ulls del bloc, on feia anotacions, i veig que en Sebastià està mirant fixament la Serrella. Em sembla que ja fa estona. Faig com ell. No és la serralada que vèiem des de Confrides, ara és la seva cara del nord, molt més esquerpa i altiva, amb altes parets de roca nua, no sempre grisa: té com unes llargues ditades de color rosat. Vist d'aquí és un massís que sembla ple de bíceps, amb entrants i sortints, arriba un moment que penses que batega. Si la llum ve de costat, apareixen clarament Els Frares, unes agulles primes i verticals, de desenes de metres, una llarga renglera de monòlits que es desenganxen de la paret i tenen el perfil i la figura d'una trentena de personatges humans en processó. Els Frares. Però no és cada un dels detalls, és la Serrella com a massa, com a presència que absorbeix l'horitzó de Balones, allò que atrau constantment la mirada, i observar-la es converteix en una passió addictiva.

La tarda, finalment, és esplèndida, el sol baixa molt a poc a poc, i amb el canvi d'angle de la llum la

Serrella es modifica en una evolució subtil, les llargues ferides en la roca agafen relleu o es desdibuixen, i de tant en tant passa per la paret de pedra una taca de núvol, com un teló, i quan ha passat deixa l'escenari il·luminat d'una altra manera.

No som els únics que mirem la muntanya. Una mica més enllà també ho fa un home, recolzat a la barana, i m'hi acosto per preguntar-li quin és el camí per anar, demà, a Quatretondeta, un poblet que es veu des d'aquí, a l'altre costat de la vall i encastat a la Serrella. Me n'explica tres, de camins. «Pel que vulgui hi arribarà.» Em quedo al seu costat i quan li demano si ha canviat gaire, la vida a Balones, em diu que del tot. Començant per la feina. «Miri, què ha passat amb les olives. Abans, cada casa feia tota la feina: les aplegàvem, les premsàvem... Ara, la Cooperativa. Això ja no és treballar.» «Vostè ha treballat molt...» «Això ho han de dir els altres, si un és treballador o no, si un és bona persona o no...»

»Diu que han vingut a peu, fent tota la volta per la vall de Guadalest? Mare de Déu, si avui la gent va amb el cotxe a cal barber...! Encara em sembla que veig el primer cotxe que va haver-hi al poble, el cotxe del senyoret. S'engegava fent voltar la maneta, i quan arribava a aquella costera, veu, ja s'aturava. I els xiquets, que l'havíem anat seguint, que corríem al darrere del cotxe per quan s'aturés, l'empenyíem. Sí senyor, encara el veig, aquell cotxe del senyoret.»

Ho ha explicat mirant la vall, i potser sí que hi veu el cotxe, i la costera, i ell mateix empenyent. Es gira per preguntar-nos: «On s'estan? Als anglesos? No sé com està ara, Anglaterra, però no deuen estar gaire bé si vénen aquí». Sembla que n'hi ha bastants, d'anglesos, repartits per aquestes valls, i contràriament al que jo em pensava no són retirats. Tampoc els de la casa rural que m'han acollit. Jo estava segur que l'oferiment de *bed and breakfast*, incloure's en el circuit de lloguer d'habitacions, els servia com a complement de la seva pensió. Resulta que, aquí, els anglesos treballen, i sovint en llocs de treball modestos. No me l'esperava, aquesta. Si no ho entenc malament, el meu Mr. Whittock és un obrer, i possiblement eventual. Ara entenc la pregunta de l'home, com es viu a Anglaterra. Li dic que aquí el clima és molt millor. I el tipus de vida... «Sí, ja ho diuen, alguns, que han vingut aquí a buscar una altra cosa... Però...»

Fem una volta pel poble i en un carrer pla —el carrer del Trinquet, escenari del joc de pilota valencià— trobo en Joan Ramon, el noi del bar L'Almàssera, a la porta d'una casa. Em diu si vull que me l'ensenyi. No és pas casa seva, ni una casa on visqui gent. No està moblada i sembla que l'estan rehabilitant. «Això serà la casa de Cultura», em diu. Ara són uns espais prou amplis, i el propòsit és que grups del poble s'hi puguin reunir, fer-hi exposicions... I ell què hi fa, aquí? Manega alguna cosa, té algun càrrec? No ho sé, és un noi actiu i discret.

En una habitació del fons veig una taula plena de papers, uns fulls molt grans, i com que s'adona que estiro el coll m'hi porta i m'ho ensenya: són els plànols del terme de Balones, per al cadastre. Fotografies aèries. M'explica que hi ha gent que té dificultats per identificar, sobre la fotografia, els límits exactes de la seva finca, i que aquesta feina no es pot fer des d'un despatx de l'Administració. Cal algú, que, dialogant amb cada persona, pugui precisar en el mapa si el seu terreny acaba en aquella ratlla, que és un bancal, o en la del costat. Sobre la fotografia, el noi marca senyals amb colors. Mirant un dels mapes fotogràfics li pregunto quin és el millor camí per anar a Quatretondeta, perquè m'han dit que n'hi ha tres. M'explica els inconvenients i els avantatges de cada un. I em recomana el que trobarem un cop haurem fet un quilòmetre i mig de carretera. La indicació és precisa: «Comptin els ponts que passen; just passat el tercer, el camí de la dreta».

S'ocupa de tot això del cadastre com a voluntari, amb algú que l'ajuda. Són aquells nois que apareixen en un petit poble amb voluntat cívica. No m'estranya que els vells vulguin barrejar-s'hi i no els faci gràcia una llar de jubilats.

El balcó de Seta

Torno cap al mirador, a comprovar si «El Balcó de Seta» ha obert. Sí, ja han retirat el pa de la finestra, ja han obert la porta, ja hi ha gent asseguda a les taules. Un home alt i corpulent, de caràcter obert, em diu que sí, que soparem, i tant!, que les festes del poble els havien donat molta feina i que havien decidit tancar aquest matí, per descansar una mica. Però que havien anat a fer un tec tota una colla de treballadors. Aquest home és un altre motor.

Les taules del bar es van omplint, i és que aquest mirador sobre la vall i la Serrella és un privilegi. La gent també hi és barrejada, i alguns tenen l'aire de ser baloners que han vingut a passar les vacances. Se'm presenta una noia, es diu Consuelo Espinós i és professora de català en un institut d'Alcoi. Li diem si vol sopar amb nosaltres, i educadament es fa pregar, però sí, que encantada, perquè segurament no sé que ella ha parlat de mi, a Alcoi. De mi? Evidentment, no ho sabia. Sí, en el programa de literatura catalana que fan a Alcoi hi ha un apartat dedicat a la «literatura realista». Ja ho entenc, deu haver fet una referència a les meves novel·les de quan era jove. Però la Consuelo em sorprèn: «No, vaig parlar del teu teatre». Aquesta no me l'esperava. Només he escrit una obra de teatre, que es va publicar fa molts anys en una col·lecció poc coneguda; se'n va fer una única representació al Romea i és veritat que ha corregut entre alguns grups d'aficionats, però que una professora d'Alcoi en parli als alumnes... Ho havia de descobrir a Balones i per l'atzar d'una trobada imprevisible.

L'amo d'«El Balcó de Seta» va amunt i avall, perquè la terrassa del mirador ja és plena. Quan li pago el sopar li pregunto com es diu. S'atura a explicar-m'ho, amb bon humor: «No s'ho creurà, però em dic Convertido». M'ho crec, però confesso que és un nom que no havia sentit mai. «Però no s'estranyi si sent que em diuen Pepe. Aquí tothom em diu Pepe, és molt més fàcil.» El seu pare es deia, o es diu, no ho sé, Teófilo, i són de Beamud —si és que ho escric bé, a Conca. Teófilo n'emigrà i es va posar a fer de pastor, aquí. Convertido també va fer de pastor, un temps, i després anà a treballar a Benidorm, en un bar. Home emprenedor, devia anar-li bé. Però se'n cansà. Va decidir tornar a Balones, amb la família, i va engegar aquest bar, i ho va fer, em diu, perquè «aquí puc tenir una millor qualitat de vida». S'ha valencianitzat del tot, el negoci té èxit i, observant-lo, penso que ell també s'ha expansionat, se'l veu satisfet, treballa amb alegria, i amb alegria les coses funcionen millor.

Miro al meu voltant, els llums de la terrassa, les taules rodones, grups de persones al voltant de cada taula, nois i noies que parlen, es somriuen i juguen a ser nois i noies en una nit d'estiu —en cap d'aquests pobles no he vist tants joves en una terrassa, és clar que tampoc he vist cap terrassa com aquesta— i penso que això té l'aire, ara, d'un cafè del passeig de Sitges, potser una mica més modest, d'acord, o del jardí d'un hotel de Viladrau.

La Serrella ha desaparegut. La nit, sense lluna, és negríssima més enllà del mirador, que ha deixat de ser mirador. Un home m'ha explicat, aquesta tarda, que un any hi va haver un foc, allà al peu de la Serrella, era de nit i les flamarades il·luminaven la roca, les altes cingleres semblaven llengües enceses, i l'efecte que feien les agulles de pedra, els Frares, amb els canvis del foc i de les ombres, semblava que les figures es movien...

Ara no es veu, la Serrella, però sabem que és aquí al davant, a l'altre costat de la vall. Quan he comentat a la professora d'Alcoi la seducció d'aquest massís, i que alguna cosa fa que t'estiguis tanta estona mirant-lo, m'ha dit que aquesta muntanya atrau, sí, i que encomana energia. Les forces tel·lúriques de la terra... Però el tel·luri, la professora ho deu saber, és un element químic molt tòxic. El secret de la dosi. El misteri de la fràgil frontera entre la salut i la malaltia, l'alegria i la tristesa. La fragilíssima frontera entre l'avui i el demà.

5.
DE BALONES A FAGECA

Aigua de segles

Sortim de la casa dels anglesos sense haver-los vist. En una tauleta de l'entrada tenen uns impresos de color verd, *Walks and Excursions near Balones,* i hi consta «Costa Blanca». Està pensat per als visitants anglesos. La costa deu estar a una hora de cotxe. És curiós, però el fullet, obra de Brian Stevenson, l'ha fabricat Meanwood Productions, Leeds, Yorkshire, Great Britain. Explica com anar a Alcoi i a d'altres llocs i al final suggereix un itinerari a peu pels voltants de Balones. I acaba així (tradueixo): «Potser algun dia descobrirem què hi ha al final d'aquests intrigants camins de muntanya». Senyor i senyora Whittock, ja els ho puc dir ara: al final d'un camí sempre hi ha un altre camí que comença.

Carrer avall, travessem el poble adormit, fins a la carretera. La Serrella tampoc s'ha despertat: ara la veiem a contrasol, i sembla que no tingui cos, una làmina llisa, un paper gris retallat.

Hem de passar tres ponts, va dir-nos en Joan Ramon. Aquesta és la carretera que va a Benimassot, a la mateixa banda de la vall de Seta que Balones, però m'estimo més travessar la vall i anar a Quatretondeta, que és al peu del massís i té un nom tan graciós. A la vall de Seta hi ha sis pobles: Fageca,

Famorca, Tollos, Benimassot, Balones i Quatretondeta. En temps dels àrabs hi havia altres petits nuclis, que han quedat despoblats. La vall forma una subcomarca dins el Comtat, allargada entre la serra d'Almudaina i la Serrella, i tancada al fons per la serra d'Alfaro, que és un nom d'origen àrab, amb la *o* final que és un habitual afegit lingüístic propi dels mossàrabs. Em costa de creure que es doni a una serra important el nom d'una persona, però Manuel Picó ho explica així. Un poeta i historiador àrab nascut a València, Ibn-al-Abbar, quan tornava de l'Àfrica i passava pel port de Fageca, va ser assaltat pels bandolers. La seva escorta els va fer fugir, i en memòria del fet van batejar la serra amb el nom del personatge, més exactament, amb el seu renom, que era Al-Faar, que vol dir «El Ratolí». Picó comenta: «Potser que era de la garra curta».

Quan passem el tercer pont, que vol dir el tercer barranc que baixa al riu de Seta, trobem el camí anunciat, a la dreta, que baixa cap al fons de la vall. El camí és còmode fins que hem de passar el riu, que circula —pràcticament sense aigua visible— ensorrat entre parets gairebé verticals. No hi ha pont, sinó que cal fer un ràpid descens fins a la llera del riu. A baix, prop del pas, l'aigua s'entolla i es filtra, deu seguir per sota terra. En aquesta aigua es belluga una petita serp.

És natural que la pujada per l'altre costat també sigui forta, és com sortir del fons d'un cràter, però quan superem l'encaixonament la vista és esplèndida. A l'esquerra encara veiem Balones, i al seu damunt la Llometa de la Creu, per la qual vam arribar al poble des de Billeneta; a la dreta, Benimassot, que mai no sabrem com és. I al davant, entre els dos pobles, en un cim, les restes d'una fortificació, el castell de Costurera. A sota mateix hi havia una alqueria islàmica, abandonada l'any de l'expulsió. Costurera és un topònim que prové de Custoria, i és ben clar que aquell lloc i aquell castell servien de custòdia o de guàrdia en un punt clau de la vall de Seta, una defensa contra les incursions que podien arribar a través del port de Fageca. En el segle XVI, Costurera era l'església parroquial de tots els poblets de la vall. Del castell en queden les ruïnes —a Balones li diuen el castellet— i tot ha desaparegut menys la font, una aigua que diuen que és tan bona, una aigua que han begut els ibers, els romans, els àrabs, els repobladors catalans, els pastors d'aquest segle, que després de beure a la font aplegaven les ovelles a l'ombra de l'alzina del tio Ezequiel i feien, amb elles, «la sesta del borrec».

Quatretondeta i el guàrdia

Finalment, Quatretondeta. «Petiteta i pobreta», sentencia la dita. Potser sí, però hi falta «neteta». Quins carrers tan nets, quines cases de façanes més polides, al llarg d'aquest viatge! Com la gent. M'adono que *rural* és un adjectiu equívoc. Aquest és un món rural i elegant, i possiblement aquestes dues paraules són massa gastades, malgastades, perquè puguin donar una imatge de la realitat.

Un dona escombra un carrer molt estret, on hi ha dos bancs també molt estrets arrambats a la paret, i dos metres de vela que fan de sostre del carrer: aquí hi ha la porta del cafè. La pujada ens fa beure de gust aigua fresca. Arriben dos treballadors, i la mestressa del bar ho aprofita per dir a un d'ells que, si té temps, vagi a mirar no sé què d'una boia de la dallonses, que ho ha dit a un d'Alcoi però no sap si vindrà. «Al cotxe no porto els apaños», fa saber l'home. «Però tu ho mires...»

Mentre els homes beuen cervesa, una noia ha baixat al bar per una escala interior, que deu donar a les habitacions, amb un paquet de cigarrets a la mà, es fica darrere el taulell, fa cara d'haver-se despertat, es prepara un tallat, se'l porta lentament a una tauleta arraconada, encén un cigarret i mira com s'allunya la primera glopada de fum però no la veu.

En Sebastià, que gairebé no havia tingut temps d'entrar al bar i ja n'havia sortit a córrer poble, torna al cap d'un minut per dir-me que ha parlat amb un home que ha estat urbà, o guàrdia municipal, a Barcelona. Som-hi, a coneixe'l. El trobem de seguida, passades unes escales. Sí, ha estat guàrdia, però ara s'ha jubilat, i passa l'estiu aquí, perquè la seva dona és de Quatretondeta. Diu que li prova molt, però el que passa és que ha deixat enrere la mala vida. «És que jo feia coses molt fortes, saben? Per esmorzar em posava un got de conyac i hi sucava galetes, i després un carajillo.» Té una veu sonora de baix, un cos poderós, i com a guàrdia devia imposar molt. Li ho dic. «Sí, no he permès mai que em neguessin l'autoritat. Mirin, una vegada, a l'època aquella de les manifestacions, aquelles protestes dels estudiants i tot allò, a la plaça on jo estava de servei, a Barcelona, la policia es veia apurada i vaig tenir por que acabarien fent un disbarat. M'hi vaig enfrontar, als policies, sí senyor, movent els braços i cridant fora, que se n'anessin, que allò era la meva jurisdicció i que m'ho arreglaria sol. I així va ser. Al cap de dos dies veig que arriba a la plaça un jeep de la policia, i un tinent que baixa i ve cap a mi. Ja està, em vaig dir, que te l'has carregada, l'altre dia vas tractar els policies molt malament, i ara vénen a demanar-te explicacions. Jo que m'acosto al tinent, disposat a excusar-me, però resulta que el tinent havia vingut per coneixe'm, ja ho veu. Em va dir: «Vostè va resoldre el problema, senyor Muñoz». I jo el corregeixo: «Guàrdia Muñoz! Ni senyor ni punyetes, guàrdia Muñoz».

Celebro haver-lo conegut aquí, passant l'estiu a Quatretondeta, quan ja no fa de guàrdia. Però és evident que continua sent el guàrdia Muñoz, aquí també, i la seva veu profunda o ressonant omple l'estret carrer de poble.

Al guàrdia Muñoz se'l veu content de tot el que ha fet en aquesta vida —o almenys ho explica d'una manera que el fa content, i això val més que la realitat. I per completar la satisfacció, hi ha aquesta nova vida, acabada d'estrenar: no tan sols ja no esmorza galetes amb conyac, sinó que tampoc fuma. Des de fa vuit dies. M'adono que jo duc una pipa apagada a la mà i me l'amago a la butxaca. «Veu aquestes escales? Si m'hagués vist fa vuit dies... No les pujava. I ara sí.» I de sobte fa un cop de teatre, mou el braç alçant el bastó amb el puny tens i declama: «Fill de puta de mi, que no tenia voluntat per deixar-ho... A vegades agafaria el gaiato i em fotria un cop al cap!».

Sap crear públic i sap crear silencis, el guàrdia Muñoz. I fer transicions desconcertants: «Diuen que han vingut de Balones caminant, vostès... Això vol dir que han pujat a peu des del riu?». És prudent no enorgullir-se'n, em mira com si pensés: «Però si aquest és més vell que jo», però no deu ser un home, el guàrdia, que admeti afalacs excessius, i m'estic de dir-li que si continua fent una vida tan sana l'any vinent hi pujarà ell, a peu, des del riu.

Passem per davant de casa seva, i insisteix que hi hem de donar un cop d'ull. És una casa gran, però ell en diu «la barraca». Hi ha algú, al fons, i com que no volem molestar, sortim de seguida. «Ara tot ho fa el gendre. Mirin, ara, si veig una cosa a terra, m'agrada. Sí senyors, com ho senten: m'agrada. Ja la colliran.» El guàrdia Muñoz ha decidit que aquestes coses ja no són de la seva competència. «I així hi estic molt bé, aquí, saben? Llàstima que ja no hi hagi tanta festa com abans. Abans, tot era festa, al poble. Quan un es fotia un pet, sortia tothom al carrer, per celebrar-ho, amb instruments i tot, que no els enganyo, tot era festa.»

Ens hem de dir adéu, el sol ja és alt i hem d'arribar a Fageca. Jo em poso el barret de palla i l'home ho aprova. Ell també en porta un, més petit, més nou i més elegant que el meu, que ja ha rebut moltes assolellades. Ens dóna l'última informació: «Si vaig sol, porto aquest barret de palla. Si surto amb la dona, com que no li agrada, em poso la gorra». Quan li dic adéu, el guàrdia Muñoz em saluda alçant la mà fins al barret de palla, com si encara portés gorra de plat.

El fill il·lustre

Quatretondeta no té res a veure amb quatre, ni vol dir que als forasters els donin quatre tundes amistoses. Suposo que el diminutiu li ve de l'existència de Quatretonda, poble més gran, prop de Xàtiva, Per això alguns li diuen, també, Quatretonda de Seta. Segons Coromines, hi ha documents antics on figura Cotretonda. L'origen és *corterotunda*, «corte» en l'accepció de possessió senyorial, població, i «rotunda» en el sentit de paisatge d'àmbit generós, i efectivament, des d'aquí dalt l'amplitud del panorama ho és molt, de generosa. Als habitants d'aquest poble els diuen «espentadors», i no vull pensar que sigui perquè es desfan dels visitants impertinents clavant-los una empenta muntanya avall.

Travessant el poble, veig un avís enganxat en una paret: «*Domingo 17 agosto. A las 6 en punto de la tarde partida de parchís con trofeos para el 1.º y 2.º clasificados. Sólo socios. Para informarse: lo más pronto. Para petanca y cinquet: en casa Angelita. Para el parchís, canut y ganyot: en casa de Tere. Nota: Todos pueden repetir a apuntarse a todos los concursos».*

Quatretondeta és més gran que no sembla, veig altres carrers, cap als afores. I un grup d'arbres a tocar la carretera, sembla que hi hagi una font. Hi fa ombra i tres o quatre homes s'hi han refugiat. Veig una placa: «Jardín de Rafael Pérez y Pérez». En algun lloc ho vaig llegir i ho havia oblidat: el novel·lista que va ser tan popular, el precedent de Corín Tellado, per entendre'ns, i sense ganes d'ofendre ningú, va néixer aquí, en aquest racó de la vall de Seta. Un dels homes em diu que és clar, que va néixer a Quatretondeta, i quan jo li dic que després, quan va tenir tant d'èxit, devia anar a viure a Madrid, s'esgarrifa: «No, a Madrid, no! Sempre ha viscut aquí!». Pérez y Pérez va ser mestre a Benilloba, després fou nomenat inspector. Li demanaven més novel·les, produïa molt. Males llengües deien que, com que no podia donar l'abast, tenia tres narradors a sou, en una mateixa habitació, i ell deia al primer, per exemple: «Se celebra una festa a casa dels senyors Tello, que són una família aristocràtica però que tenen problemes econòmics. Tenen una filla, Laura, de 18 anys, que té molts pretendents. Ja pot començar». Aleshores passava al segon narrador i li donava el principi d'una altra novel·la: «Gregori és un noi, alt i tímid, que ha acabat la carrera d'enginyer...». Després passava d'una màquina d'escriure a l'altra, i modificava o aprovava el que veia escrit, donava noves pistes argumentals, etc. Com si fossin unes partides d'escacs simultànies. No és que sigui impossible, però segurament és fals. I més difícil em sembla que pogués fer-ho si, efectivament, escrivia a Quatretondeta. Potser algú es va inventar que Pérez y Pérez treballava d'aquesta manera perquè costava d'entendre que escrivís tant. Que no devia ser tant. No escriuen pas menys alguns escriptors d'avui, i ningú pensa que tinguin tres redactors fixos. Suposo que qui ho va fer córrer era algun novel·lista frustrat, envejós de la popularitat del novel·lista sentimental.

Però tampoc no veig clar el que em diu un dels homes que he trobat, estirant el braç cap als camps: «El pare tenia un tros de terra, allà, i ell escrivia un rato...». I un altre s'hi afegeix: «*Sí, era un escribiente... un escribiente de novelas...*». Penso que es pot tenir una absoluta admiració per un veí famós sense saber-ne gran cosa. Així queden compensats els qui ho coneixen tot i no admiren ningú.

L'informador més actiu s'ofereix per acompanyar-nos a la casa on va néixer el novel·lista, és molt a prop. M'avisa amb una frase perfecta: «És una casa que no és gran, però prou gran». Sí, Déu n'hi do. Hi ha una placa que és un homenatge del poble de Quatretondeta a Rafael Pérez y Pérez «en su primer centenario» (vol dir del naixement). 18 de setembre de 1991. Donem les gràcies al nostre acompanyant i, ara sí, és hora d'agafar la carretera de Fageca. Amb la sorpresa de veure, per primera vegada al llarg del viatge, una placa que diu: «Avinguda del País Valencià».

Petita trampa abans de Fageca

Quan som fora del poble ens adonem que tenim la imponent Serrella ben bé al damunt. Els «frares» de la Serrella encara es destaquen molt poc de l'espadat, aquestes agulles només es «desenganxaran» de la paret de roca quan el sol les il·lumini de costat.

Quatretondeta queda enrere com una taca petita i clara enmig de la muntanya, les cases formen una cella blanca, sembla que la Serrella, quan ens allunyem, ens faci l'ullet.

La carretera va fent voltes i va pujant, perquè Fageca, que és a uns sis quilòmetres, es troba a 770 metres d'altitud. Però no és una pujada llisa, perquè els successius barrancs que baixen de la Serrella obliguen a anar-los a passar per un punt més baix i cada vegada cal refer l'ascensió —fins una mica més amunt del nivell on havíem començat la baixada. Continuo veient Benimassot, a l'altra banda de la vall, que al cap d'una estona de caminar quedarà enrere i una mica més baix.

El camí es fa una mica feixuc i monòton, entre ametllers —continuem menjant, de tant en tant, els tendres i frescos ametllons—, fins que sentim el motor d'un cotxe. Encara no n'havíem sentit cap, avui. Durant cada jornada, la carretera és gairebé per a nosaltres sols. Els del cotxe també es deuen quedar estranyats, de veure'ns caminar per la carretera, perquè s'aturen. La matrícula és de Barcelona. S'ofereixen a dur-nos fins a Fageca, que ja és a prop, potser un quilòmetre llarg. És una parella, i em sorprenc a mi mateix dient que sí, potser és que, entretinguts a Quatretondeta, el sol ja és molt alt i el pas de l'últim barranc i una nova ascensió més aviat em fa mandra. Però els demano que, un cop superat l'accidentat tram final, ens deixin abans d'entrar a Fageca. Hem de mantenir una mica les formes i entrar-hi a peu.

Que n'és de curt, un quilòmetre, en cotxe! Ni ens hem tret la petita motxilla de l'esquena. I ja hem de baixar. Els donem les gràcies. Som a tocar un recinte poliesportiu, magnífic, que hi ha als afores. D'aquí surt una llarga recta que duu al poble. En una paret veig una altra placa que per a mi també és nova. Duu el nom de la comarca: «Avinguda del Comtat».

La casa de la glòria

Hem d'anar a una casa de la plaça de l'Església i demanar per Glòria Massanet. Trobem el número 8, però en un carrer curt, encara que el rètol digui plaça. Truquem, però no contesta ningú. ¿Es repetirà el cas de Benilloba, on ens havien dit el 34 però era la porta, sense número, del costat? Ja ens ha costat arribar al número 8, perquè al carrer fan obres i els treballadors procuren que no passi ningú. Veient el nostre fracàs, un dels homes s'interessa pel que volem. Trobar la senyora Glòria Massanet. Aleshores ens diu que anem dues portes més amunt, on diu «Tabacs». És una botiga on venen una mica de tot, i hi ha la Glòria, que és una noia somrient, que està despatxant. Mentrestant, parla amb nosaltres una altra noia, que ens fa passar a una saleta, al fons de la botiga. La Glòria enllesteix i ens diu que la seguim, i surt al carrer. Ens acompanya a la casa número 8, on havíem trucat inútilment. Obre la porta, ens dóna la clau i fa un gest que vol dir: «Endavant, vostès mateixos».

Ens quedem impressionats. És una casa molt gran, tota per a nosaltres, i d'entrada veiem una sala d'estar que ens sembla immensa, amb tres grans sofàs al voltant d'una taula baixa, el televisor... Més endins una cuina espaiosa. Una escala porta al pis de dalt, on hi ha els dormitoris, un bany gran i un de més petit... No ens en sabem avenir, i després de dutxar-nos baixem a «tastar» els sofàs i a comprovar, bocabadats, que tot és moderníssim, els punts de llum empotrats al sostre, i que tot això sembla per estrenar. No trobar fonda et pot dur a dormir sota un porxo o a un escenari d'aquells que en diuen de pel·lícula —i més si hi has arribat després de fer una mena de travessa del desert. Procurarem deixar-ho tot tan intacte com ho hem trobat.

Es pot dinar al bar Avenida, que és a tocar, a la carretera. L'amo ens fa diverses propostes i, com que dubtem, ens suggereix un plat combinat. Pensant en els plats combinats d'algunes cafeteries barcelonines, li pregunto què hi ha, en aquest plat, i la resposta és contundent: dues xulles, o sigui costelles, botifarra, llonganissa, ou fregit... Endavant.

Mentre ens ho prepara —i dóna una fulla d'enciam a un perdigot que té en una gàbia— en Sebastià i jo estirem les cames per sota la taula, i li veig a la cara una expressió de beatitud. Jo dec tenir la mateixa. Estic segur que pensem en els sofàs de la casa del número 8.

Sobretaula d'estiu

La Maribel, que és l'amiga de la Glòria Massanet que era a la botiga quan hem arribat, m'ha dit que la senyora Aurèlia Massanet em convidava, si em venia de gust, a prendre cafè a casa seva. Jo fujo sempre d'aquests compromisos, però en aquest cas em sembla no tan sols que he de correspondre dient que sí, sinó que, sortint de la «meva» casa, em fa gràcia sentir-me estiuejant a Fageca.

És una casa amb jardí, a l'altra banda de la carretera, i quan hi entro hi ha un grup familiar al voltant de la taula, prenent el cafè. M'hi afegeixo. Parlen del poble, de com es vivia abans, potser perquè ja en parlaven abans que jo arribés, és una conversa natural entre els qui continuen vivint aquí i els que han marxat, entre les diverses generacions que es retroben en la calma d'aquestes sobretaules d'estiu. Jo vaig recollint algunes frases, tan barrejades com surten, i quan les escric no recordo exactament qui ha dit l'una o l'altra, però és la suma la que m'ajuda a entendre una mica el temps que aquesta gent evoca. No pas tan llunyà, però terriblement diferent.

«Es vivia molt pobrament. Si volia comprar unes tisores per la dona, l'home havia d'anar a treballar a fora. Unes tisores... O una aixada.»

«L'avi tenia unes espardenyes amb les quals s'havien casat tots els homes del poble. Sí, sí, les deixava, i després les tornava a guardar, com un tresor.»

«Parlant d'espardenyes, quan anaven al camp d'Alcoi, a segar, avui costa de creure però duien les espardenyes sota el braç, per no gastar-les.»

«Abans no hi havia arbres, als camps. Tot era vinya. Després, aquí, tots vam viure dels mancals d'ametllers i oliveres, i s'ha de dir que tenim una terra bona.» En aquests pobles, més d'una vegada m'ha semblat sentir «mancal», en comptes de bancal. «Collíem unes bresquilles roges, molt bones, que anàvem a vendre... Ara se sulfata tot, i em sembla que ja no és el mateix. Sí, eren bones, les terres que tenien els pares, i les van repartir entre els tres germans. I sap una cosa?, ara en sobren, de bancals. I ningú no en vol comprar cap. Abans eres ric, o t'ho semblava, si tenies terra. Qui tenia quatre bancals en volia comprar quatre més. Si se sabia que hi havia un bancal per vendre, tothom el volia comprar. Si ha vingut a peu, vostè ja deu haver vist com estan, ara. No es poden comptar, els que estan abandonats.»

Comento que per tot arreu he vist marges molt ben fets, pedra sobre pedra. «Sí, jo també n'he fet, de marges, i ja ho crec que duren, només pateixen si hi ha alguna tempesta. I cada any ens dedicàvem a refer-los, després de festes. Però és que aleshores un jornal valia tres duros, i tothom vivia. Ara, si vols que et facin un bancal, has de pagar jornals de sis o set mil pessetes.»

Actualment, un dels fills viu a Pego, té una fàbrica, hi treballen mitja dotzena d'homes. Un altre és a Ondara, porta un camió de la Diputació. «No els parles de mancals...»

Ha estat una estona molt agradable i els agraeixo l'hospitalitat. Però me n'he d'anar a voltar una mica per Fageca.

Teixir la conversa

El sol encara és ferm, i faig una volta curta que inevitablement acaba a la plaça, on hi ha un om monumental. A sota, en un pedrís circular, seu un home tot sol, i a vegades penso que, així com a mi m'agrada trobar aquests homes solitaris, a ells també els agrada que arribi al poble un foraster, que trenca la rutina diària. Alguns amics em pregunten com és que la gent dels pobles parla tan fàcilment amb mi, i jo penso que és una qüestió de distàncies. Jo no arribo al pedrís i pregunto. Només arribo. No sec gaire lluny de l'home, però tampoc al seu costat. Posem dos metres. I s'ha de deixar passar el temps suficient perquè la distància de dos metres faci néixer alguns fils invisibles que ens connecten sense lligar-nos. És la distància en la qual un interrogatori no és possible; si es diu alguna cosa, el que es diu no exerceix cap pressió personal, sempre té la discreta dimensió d'un comentari, que si l'altre no vol recollir quedarà flotant en l'aire, passarà enllà barrejat amb la mica d'airet de sota l'om, i si vol agafar-lo és que l'estona de silenci que hem mantingut abans de fer-lo li mereix confiança. Perquè un foraster que sap moure's a poc a poc ja no és un foraster del tot.

Quan toca, doncs, comento mirant l'om, i no pas l'home que seu a dos metres: «És molt gran, aquest om». L'home tampoc em mira a mi, quan he parlat, ni ara que diu, mirant també l'arbre: «Sí que n'és, de gran», i el silenci podria restablir-se, però només és una pausa de tres segons, la pausa de la saviesa de la convivència en un espai i un temps, i si a l'estricta i educada resposta —«sí que n'és, de gran»— s'hi afegeix després de la pausa una frase explicativa, és que el permís per iniciar una conversa està cedit. I la frase amb la qual l'home ha obert el diàleg és aquesta: «És tan gran que, sap què passa?, que totes eixes cases de la plaça tenen pous, i les arrels hi van».

Ja podrem parlar de l'aigua, de les cases del poble, dels costums antics i els moderns, i així arribarà un moment que l'home començarà a parlar d'ell mateix, i jo sé que és en aquest moment quan puc —com si no el sentís prou bé— desplaçar-me discretament, a poc a poc, sense alçar-me visiblement del pedrís, i passar dels dos metres al metre. Ho he fet quan ell ha introduït la primera informació personal: «Jo he treballat molt, en aquesta vida, però ara ja s'ha acabat». Ja sóc al seu costat, i continua: «Ara fa sis o set anys, un dia que anava al camp, vaig sentir una cosa, com una nosa que se'm feia aquí, al pit, i els de casa van avisar el metge. El metge em va dir: "Això és el cor, Claudi, no treballis més". I li vaig fer cas». Li dic que fa molt bona cara, i és veritat. «Miri, tinc setanta anys, però no em queixo.» Penso que jo també tinc setanta anys, i encara no m'ho explico, però tampoc em queixo. Queixar-se és propi dels adolescents, els serveix d'afirmació, però quan s'és vell instal·lar-se en la queixa pot ser autodestructiu. «Ara tinc la paga.»

Passa un airet prim, sota l'om, amb la mateixa frescor amb què passen les pauses de la conversa. Ara arriba un home, una mica més jove, i quan entra sota la capa de l'om, i veu que hi estem molt bé, diu: «Pobles com aquest no n'hi ha cap!». El company de pedrís es posa a riure i li contesta: «No, com aquest, cap, però de millors, aixina!», i ajunta els dits d'una mà.

Quan el nouvingut s'allunya, em diu: «El que no hi ha, ací, és gent. Éste que ha vingut és d'Alcoi, i puja per vacances o els caps de setmana». Li dic que, de tota manera, Fageca fa goig, que es veuen cases molt ben cuidades. «Sí, però n'hi ha que se les vendrien, potser per dos o tres milions, el que passa és que obrar val més. Fa vint o trenta anys jo vaig comprar la casa per seixanta mil pessetes. El que no sé és com els joves es poden casar, ara, si han de *crompar* un pis.» Ho he sentit altres vegades, *crompar*, i a Joan Coromines li hauria agradat saber que aquest dialectalisme encara és viu, en aquestes comarques valencianes. Sempre que sento *barzer* o *angilaga* penso en ell.

L'home reconeix, però, que ara es viu millor. «Jo mateix he viscut millor que el meu pare. Quan penso en els *auelos*... Ara m'adono com patien, al meu l'he vist plorar com un xiquet.» Fa una pausa, jo la respecto, i després diu, mirant a terra: «Tot ha canviat d'extrem a extrem». És una frase que repeteix de tant en tant, tot ha canviat d'extrem a extrem. «I és que avui no hi ha pobres. Si vas a llogar algú, l'agravies.» Quan algú es capaç d'expressar una idea d'una manera tan breu, tan precisa, em quedo un instant sense alè. «Vostè ja ha vist que fan obres, aquí baix. Ha de saber que els paletes que hi treballen són forasters. Els porten de no sé on... Sí, tot ha canviat d'extrem a extrem, abans un jove era un esclau, ara és un senyoret. Però no és agradós viure així —ha dit "agradós", l'home del poble— perquè hi ha poca gent. A Pego, si ho veiés, a la llar dels vells s'omplen trenta o quaranta taules... Ací ara no hi ha ambient, l'ambient són els cotxes.»

L'aire comença a agrisar-se, sota l'om encara sembla més fosc, i m'alço del pedrís. «Haurem d'anar a sopar», m'excuso. En Claudi encara té temps de dir, però ja sense mirar-me, com si veiés alguna cosa que hi ha a l'altra banda de l'om, o potser més enllà de la plaça: «La terra era el meu deliri... Ah, quan acabava la feina i veia un bancal plantaaat...».

Passeig al vespre

Al restaurant hi vaig fent una volta lenta per dalt del poble. Els carrers netíssims, com a tot arreu, les façanes polides, la naturalitat de les plantes a les portes de les cases, res de concursar a l'*embellecimiento turístico*, també cortines velles de canonets de fusta, davant els portals, i bosses d'escombraries penjades d'un clau, a la paret, perquè si passa un gos no hi furgui... I una bata negra, posada a eixugar en un balcó, i en una finestra una tovallola vermella. Tot així com cal. I de tant en tant, en una cantonada, quatre rajoles que representen una estació del Via Crucis que es deu fer pels carrers del poble, prou costerut perquè el sacrifici no sigui exclusivament mental.

Sonen les campanes de l'església, i potser no és gaire reverent recordar en aquest punt el que diuen a Altea: «El retor de Fageca / té un matxo pardo / que li dóna garrofes / per baix del rabo». Actualment, el rector de Fageca també ho deu ser d'altres pobles, de manera que la intenció queda històricament diluïda. A més, no sé si en queda cap, de matxo, en aquest rodal, només he vist petits motocultors. El que sí que hi ha és un burro, tancat en un cobert, en aquest carrer que dóna a la muntanya. Una història curiosa. M'han explicat que una gent que anava de València a Benimassot, prop d'aquí van deixar un burro, que va començar a anar perdut de bancal en bancal. Els de Fageca el van veure i el van recollir. Ara el tenen en aquest cobert, i un home del poble se'n cuida. La porta del cobert és tancada i no veig el dins. Potser l'haurien de treure a passejar, l'animal, perquè els nens que ja han nascut a ciutat i, a l'estiu, vénen al poble dels pares, descobrissin que hi ha coses que es mouen soles, sense motor ni piles.

Records sota l'om

Després de sopar, torna a haver-hi en Claudi, sota l'om. Però ara no està sol. Un nét li demana que jugui amb ell a la brisca. Es juga molt a les cartes, en aquests pobles, s'hi juga molt concentradament, i per això els bars s'han convertit en els llocs on, havent-hi gent, hi ha més silenci. Només la veu o la música del televisor, sempre engegat, que ningú no escolta. Potser sí que la gent juga per no haver d'aguantar les explicacions de ningú. Les històries sempre es repeteixen, les cartes mai.

L'home està disposat a jugar a la brisca, si el nét ho vol. Observo la criatura, que recull les cartes, les mira, les tapa perquè l'avi no les vegi, en tria una, la llença... És bonic, això de jugar a la brisca amb l'avi. I guanyar-lo.

D'aquí a uns quants anys —que en visqui molts, Claudi— aquest nen serà un home que, a l'estiu, vindrà a Fageca amb cotxe, i algú li dirà: «Aquest és nou, no és el de l'any passat!», i passejarà pel poble i quan arribi a l'om de la plaça dirà: «Aquí jugava a la brisca amb l'avi...».

També hi ha, prop de l'avi, dues dones, la Trini i la Laura, lúcides i animades. Potser han vist que he saludat en Claudi, i quan sec al pedrís se m'adrecen directament: «Ja sap que en Fageca manen les dones?». Em fa gràcia aquesta franquesa. La llum dels fanals topa amb la capçada de l'om, i aquí al pedrís hi ha una matisada penombra. Començo a dir que les dones sempre manen, a Fageca i a..., però em tallen: «No, no, volem dir que aquí les dones manen a l'Ajuntament». Ah. Si no ho entenc malament, en les eleccions de fa sis anys es va presentar una candidatura exclusivament de dones. I va guanyar gloriosament. Resultat: consistori totalment femení, l'alcalde i les quatre regidores. En les últimes eleccions no sé què diuen que van haver de pactar, cosa de tenir subvencions o ajut d'un partit, em sembla, ara són quatre dones i un home, però elles continuen manant, i al poble es nota. «Han fet moltes coses, que ja era hora fer-les. Arreglar un centre de cultura, una casa per a la tercera edat, canviar els llums del poble, canviar el paviment... Han sabut trobar els diners», i mouen el cap, amb energia afirmativa.

En un moment determinat he pensat que potser la Trini i la Laura són de les que manen a l'Ajuntament, però no s'haurien fet tants elogis públics. Efectivament, no són de Fageca. La Laura anuncia que «al meu home l'inclinaré perquè torni a votarles». Pregunto d'on són: «de Castell de Castells». Ves per on, és el poble on arribaré demà. M'ofereixo per dur una carta, un paquetet, si no pesa gaire, el que sigui... Que no cal, diuen, que amb el telèfon... Però la Laura es decideix, em dóna una adreça de Castells, i un nom, «i ja que hi va, doni-li records de Laura, la cunyada de Fageca».

És una ximpleria, però em fa content, que m'ho hagi encarregat. I com qui ja ha fet la feina, me'n vaig cap a casa. El carrer de l'Església ha quedat gairebé pavimentat del tot, el ciment encara és fresc, i quan intento passar per damunt d'una estreta fusta, un home m'atura amb un crit. No es pot passar. Li explico que bé he d'anar a dormir, i que per arribar al llit he d'entrar al número 8.

L'home es quedarà aquí tota la nit, vigilant que no passi ningú. No li ho dic, però ho sé: ho ha manat una dona.

6.
DE FAGECA A CASTELL DE CASTELLS

Paisatge i paraules

La Glòria Massanet no ha volgut cobrar-nos res per deixar-nos la casa. «Per una nit...», ha dit. Una casa tan impensablement espaiosa i confortable que semblava una invenció del dimoni per fer-nos perdre la fe del caminant. Però ens hem llevat, hem sortit de dret al carrer, procurant no girar el cap per no veure els tres sofàs. Jo em vull convèncer que no era una casa per a algú que transporta una ridícula motxilleta i un tronat barret de palla.

Dues portes més amunt, la botiga ja és oberta. La Glòria ens ha fet cafè, i vol que esmorzem. Li acceptem unes magdalenes. És difícil donar-li les gràcies amb naturalitat, i li pregunto una cosa tan convencional com si li va bé, la botiga. Però resulta que la resposta no n'és gens, de convencional. «No tanco mai. Em llevo cada dia a quarts de set, de manera que ja veuen que no m'he llevat abans expressament per vostès. I si convé m'hi estic fins a les dotze de la nit. La porta sempre està oberta. Farà vint-i-cinc anys que em vaig casar —sembla força jove, la cara rodona, un somriure plàcid i permanent— i no l'he tancada mai. Hi ha gent que entra quan estic dinant, i jo m'aixeco i els dono el sucre o les galetes que em demanen. És clar, tampoc faig la migdiada. A les dues o a les tres es presenten els qui tornen de la piscina i volen comprar alguna cosa que els falta per dinar. O tabac. A vegades m'he dit que potser sí que, a l'hora de dinar, hauria de tancar un parell d'hores, però em penso que seria inútil, si trobessin la porta tancada, trucarien. Ja hi estan acostumats, saben que sempre hi sóc. Mirin, quan és la festa major, i llavors sí que surto, quan veuen que torno a casa, ni que sigui a les cinc de la matinada, sempre hi ha algú que ve al darrere meu i em diu: «Em dones un pot de llet, Glòria?» O xocolata, o qualsevol cosa».

A vegades costa arrencar a caminar, i ja no és per la temptació dels sofàs.

A partir de Fageca, cap a llevant, la vall s'estreny, entre la serra d'Alfaro i la Serrella. És el primer matí que es lleva amb núvols baixos, uns núvols de color d'anís aigualit, que tapen la cresta de la Serrella i en difuminen els contraforts més suaus, no gaire més amunt d'on caminem nosaltres. Només hi ha un petit punt de sol entreobert cap al final de la vall.

Després de passar el barranc del Moro —de quin moro?, aquesta vall en va ser plena— ja som prop de Famorca, que només és a dos quilòmetres de Fageca. Quan abans del viatge, a casa, em mirava i remirava el mapa, aquests dos noms, de costat, em semblaven molt estranys, i a més germans. Coromines hi dedica dues pàgines i mitja del seu *Onomasticon*! I els examina conjuntament. Procuraré resumir què en diu dels seus orígens sense trair el lingüista.

Pel que fa a Fageca, s'inclina per l'àrab d'Algèria, *fageha* (en els noms de lloc catalans no és rar que *h* doni *k*, fageka). El sentit és «ferida, tall, destralada», i això «és bo semànticament per al pla de Fageca, gran escletxa enre la Serrella i la serra del Faro-Tollos-Alcalà». Quant a Famorca, és un nom format amb l'àrab comú *fumm* (o *fum*), que significa «boca, obertura», i *murqi*, «aigualós, líquid», de manera que Famorca, «obertura del líquid», designaria el forat per on les aigües del Xaló es llançaven barrancs avall cap a Gorgos.

Les paraules són unes ulleres per descobrir el paisatge, i el paisatge és l'eina per entendre les paraules.

Entre Famorca i Castells

Un curt trencall a la dreta ens porta a Famorca. És un poble petit, i si hi entro, desviant-me un instant del camí de Castells, és com a reparació de les dures paraules que li va dedicar Cavanilles. Diu que aquest poble «*es el más oriental y el más miserable del valle: consta de 30 familias que viven en chozas infelices, con pocos frutos... sin aseo... tanto que no parecen valencianos...*». Que és el més oriental de la vall de Seta és un fet. Una mica més enllà, les muntanyes convertiran la vall en un cul de sac. Quan diu miserable, Cavanilles al·ludeix a la pobresa que troba a Famorca. Devia ser així. A la comarca hi ha una antiga frase significativa: «T'ho compraré al mercat de Famorca». És pura ironia, perquè a Famorca no hi havia mercat.

Sí, Famorca és un poble petit, però agradable i net com tots els pobles que he vist. I també costerut, i això fa que tingui racons suggestius i sembla que hi hagi més punts d'interès, en un espai reduït. També hi ha, com a Fageca, un om ufanós i presidencial, prop del qual un home em proposa si li vull comprar préssecs. Passa un motocultor, carregat de llenya, que l'home ha anat a buscar per a l'hivern —deu ser ingrat, l'hiven, a Famorca. En el modest edifici de l'Ajuntament, en aquest poble abans «miserable y de chozas infelices», han penjat ara la bandera blava i estrellada de la Unió Europea. La mateixa que oneja en les més il·lustres ciutats del continent. I és que aquests petits pobles, on hi viu poca gent, d'aire quiet, on les passes són lentes, harmòniques amb el silenci, són els pocs documents que queden d'allò que era Europa en els segles de la fragmentació medieval.

Baixem a la carretera i deixem Famorca a l'esquena. Per la carretera, com sempre, no passa ningú. La soledat és absoluta. No hi ha ni ocells, està comprovat que els ocells s'apleguen als pobles, com els humans. Avancem vorejant el barranc de Famorca, que és ple de baladres. És un dels espectacles més refinats de les terres de secà, i el vaig admirar llargament durant la baixada de la lloma Bernat, a l'Alcalatén, camí de Llucena. Aquí, en aquest últim tram de la vall de Seta, tan recòndit, l'element de luxe són aquests baladres que han florit, l'un rere l'altre, seguint la ratlla enfonsada del barranc. Cada cinc metres, sobre un llit de terra, eixuta, polsosa, monòtona, s'alça un baladre pletòric, que guarneix la sequedat de la terra i de l'aire amb poms d'esplèndides flors rosades. És un seguit de punts de color que posa esclats de vida en les rieres i les rambles. Quan apareix la processó de baladres sé que el camí serà solitari.

Efectivament, el silenci és enorme, impressionant. No sentim ni les nostres passes. En aquest silenci, podem veure un conill que s'enfila, tranquil·lament, marge amunt de la carretera. És una carretera ampla, moderna, de dos carrils perfectament marcats. No hi hem vist ni un cotxe. Ja podrien pintar-hi un carril-conill. Al cap d'un moment sentim, en el silenci, el cant d'una perdiu.

A dreta i esquerra, segons el mapa, hi ha diversos indrets anomenats *mallaes*, entre els 800 i els 1.300 metres. Una mallada és un campament de bestiar, el lloc on jeu, i un d'aquests espais és conegut amb el nom de la mallada del Llop. Segur que fa memòria d'un dia en què les ovelles van rebre una esglaiadora visita.

A la cuneta trobem un cavall de cartró, un cavall-balancí de joguina, blanc i radicalment decapitat. El cap no el veiem enlloc. Està ben conservat, no deu fer gaire que l'han abandonat a la cuneta. No he vist cap cavall de debò, al llarg d'aquests dies. Potser el nen a qui van regalar aquest cavall de cartró va dir, estranyat: «I això què és?», i com que volia un video-joc li va arrancar el cap.

Als vessants de la muntanya veig uns bancals estretíssims, potser de dos o tres pams, la llenca justa per plantar-hi un ametller, que s'enfilen fins a les llomes. Inacabables murs de pedra, fets a mà, que converteixen la muntanya en una escala que puja i puja. Quina feinada. I tot ha estat abandonat. «Com havia patit, l'avi, l'he vist plorar com un xiquet», em deia ahir en Claudi de Fageca. Miro aquests vestigis d'un esforç de segles i, ja em perdonaran els poetes: això ja no es treballa, la misèria ha marxat...

Ja no som a la vall de Seta, el pas de muntanya fa que deixem la comarca del Comtat i entrem en el terme municipal de Castell de Castells, que pertany a la Marina Alta. Al pròleg ja he exposat què penso dels noms amb què s'ha dividit la Marina. La carretera comença a fer revolts i hi ha trams de descens força ràpid. Són quatre quilòmetres que introdueixen la novetat dels pins, hi ha uns petits canvis plàstics que em semblen indicis que estic entrant en un altre àmbit de cultura —qualsevol novetat s'exagera després de sortir d'un paisatge repetit, invariable— i fins i tot ara s'imposa francament el sol, que mentre érem a la vall de Seta apareixia només a estones. Caminar contra el sol, a més —el tenim al davant—, sempre fa canviar la percepció de les coses, provoca una certa sensació d'indefensió mental.

De cop, un revolt ens obre el panorama, a baix s'estén un pla, és una mena de cassola gran entre muntanyes, i des d'on som veiem al fons, a l'altra banda del pla, Castell de Castells, estirat al peu de la serra.

El pendent ens farà baixar de pressa, però abans ens estem tres minuts aturats aquí dalt. Quan un poble se'm fa visible a distància, busco sempre aquest instant d'espera. Miro el poble. L'escolto. Cap a la dreta sembla que hi ha la part nova, i a la punta de l'esquerra les cases s'enfilen una mica, és el nucli antic, hi ha una taca vertical, és el campanar. M'ho miro a contrasol. Hi ha com un bellugueig en l'aire que ho fa tot imprecís.

Són els minuts per dir-me que en aquell espai que veig per primera vegada no sé què m'espera, el temps de celebrar la immediatesa d'un altre misteri. Encara un altre.

El Bigot Vell

Quan som davant mateix de Castells, cal dominar la impaciència: hi ha un barranc, la carretera gira cap a la dreta i fa una notable volta per passar el pont sobre el riu i entrar al poble per la part més baixa. A Barcelona em van donar la referència de dos hostals, però l'un, em deien, aquests dies d'agost està tancat. He d'anar, doncs, a l'hostal Bigot Vell, un nom curiós que em fa penar en un antic hostal popular, potser tronat, però amb caràcter. No tinc l'adreça, tothom el deu conèixer.

Però no cal que pregunti. Just a l'entrada de Castells, ben a prop d'una confluència de carreteres, un edifici d'aire modern, amb porxo, unes taules, un anunci de cervesa, és segurament l'hostal. I el rètol ho diu: «Hostal Bigot Vell». Les meves suposicions han resultat fallides.

Ens rep una noia, que diu que sí, que tindrem habitació, però que encara no ens la poden donar, haurem d'esperar una mica. Li pregunto d'on ve el nom de Bigot Vell, i m'ho explica: «Bigot és el renom que han donat al meu marit, ací, pel bigot que porta». «Però això de vell... El seu marit no ho deu ser.» «No, Vell és el renom que tenia a Dénia, li ve de família. Perquè nosaltres som de Dénia.» Penso en el Convertido, el del bar de Balones. Uns altres que han deixat la costa per instal·lar-se a l'interior.

Veig arribar un cotxe amb matrícula alemanya, que para al davant de l'hostal. En baixa una parella, deuen tenir uns cinquanta anys, donen un cop d'ull a la façana de l'edifici i entren. Ell s'acosta al taulell i demana un orujo. No m'ho esperava, un aiguardent en aquesta hora, i menys un orujo. La mestressa li diu que no en tenen. L'alemany fa cara d'estranyesa. No tenen orujo? Explica que la seva dona té una indisposició d'estómac, i que una copeta d'orujo li aniria molt bé. «No me'n demana ningú», es justifica la mestressa. En un castellà lent però clar, l'alemany proclama: «*Pues ahora se lo pido yo*». A la mestressa no li fa cap gràcia i no té ganes de perdre el temps, de manera que ens diu que la seguim, que les habitacions ja són a punt, i se'ns emporta escales amunt. Mentre pujo, penso que l'anècdota és significativa. L'orujo és un aiguardent gallec, i enfadar-se perquè no en tenen a Castell de Castells no té gaire sentit. Però sí que en té un: per a aquest turista, que deu haver trobat aquesta beguda en algun hotel turístic o en un bar de la costa, l'orujo és un aiguardent espanyol, per tant l'ha de poder beure en qualsevol punt d'Espanya. Si hagués descobert Aromes de Montserrat a Lloret, es quedaria molt parat si no en tenien a Marbella. Que l'orujo és un aiguardent gallec, diu? Què vol dir gallec? Difícil pedagogia de la pluralitat cultural, la que es podria fer a partir de les begudes alcohòliques.

Noms per sempre

Un cop instal·lats, anem a fer el primer contacte amb el poble. Com que el Bigot Vell està als afores, a baix de tot, ens toca pujada. Tot el carrer està regirat per obres. Ja n'he vist moltes, al llarg del viatge, sembla que hi ha influït el canvi de poder politicoadministratiu. Procurant no empolsegar-nos gaire, arribem al centre de Castells, que està ordenat i net, i busco la casa que en diuen Serra, m'han dit a Fageca que és fàcil trobar-la, està davant l'oficina de la Caja del Mediterráneo. He de complir l'encàrrec, he de preguntar per Adela o per Batista. Surten ell i ella, i els dic el que els he de dir: «Molts records de part de la Laura, la cunyada de Fageca». Riem una mica, tots plegats. Jo els dic si no volen que continuem aquest joc innocent: ara ells em podrien encarregar que donés records a algú de Tàrbena, que és el poble on faré la pròxima parada. Els agradaria, però no hi tenen família, a Tàrbena.

Passem per una plaça on hi ha la Font de la Llibertat, amb una inscripció que diu: «A la memòria de tots els defensors de la Llibertat i la democràcia». Va ser inaugurada el 1988. Arribem a l'últim carrer, enlairat, dels afores, només un rengle de tres o quatre cases modestes, de cara a la vall i a les muntanyes. Hi ha dos homes asseguts, cada un davant la seva porta, voltats de testos amb flors. M'aturo davant del primer, «bon dia», i li faig l'elogi del panorama. Estira un braç i m'assenyala el punt més alt d'una majestuosa serralada: «Allà hi ha el castell dels moros. Vostè ja deu saber que aquí hi ha un castell de moros molt famós». «Sí, senyor.» «Jo hi he pujat, de xiquet.» «Fins allà dalt?» «Fins a dalt, ja li dic jo que es necessiten cames. Ara ja...» L'altre home té ganes d'intervenir en la conversa, i ens pregunta d'on som. De Barcelona. Fem una volta a peu. Li va molt bé, doncs, per explicar-nos que ell va fer el servei militar a Berga, i que havia anat moltes vegades a peu pel Pallars i la Vall d'Aran, i immediatament es posa a recitar una llista de noms de pobles: Gerri de la Sal, Sort, Rialp, Llavorsí, Esterri... Me l'escolto, meravellat. Va dient, en un ordre perfecte, els pobles que formaven l'itinerari del meu primer viatge a peu, ara ha fet quaranta anys! Ell devia passar-hi abans, com a soldat, en temps del maquis. «Salardú, Viella, Bossost...» Li dic que té molta memòria, que els sap tots, aquests noms. Em contesta amb una gran veritat: «Si vas a peu, els noms no els oblides mai».

Recordaré la frase, aquesta nit, en el silenci de l'hostal. Si vas a peu, els noms dels pobles no són referències provisionals de pas, que apareixen de cop i ràpidament s'esborren —els esborra un altre nom, que també es fondrà en la velocitat. Imaginant el viatge, els noms dels pobles ja tenen cos, ja tenen forma i color, respiren. Quantes hores, aquesta primavera, he passat assegut a la meva taula davant el mapa, articulant mentalment Callosa, Guadalest, Benimantell, Confrides... En Callosa hi veia una *o* de calor i una *a* de pla, Guadalest es dreçava davant meu amb el cim de la *t* final, Benimantell s'estirava, Confrides em produïa un sospir d'esgarrifança, Benasau era relaxant, Fageca i Famorca els deia sempre junts, com dues paraules que formaven una pregunta i una resposta... Seguir amb el dit l'itinerari era com inventar-me un joc, cada nom era una casella, un misteri, perquè era un joc sense reglament conegut, no podia saber què m'hi esperava, què em tocaria fer. Deia un nom en veu alta, i tastava un poble amb la llengua i amb la imaginació.

I després comences a caminar, i vas arribant als noms, l'un darrere l'altre, i els noms tenen cara, i veu, i et miren i els mires, i cada minut que hi vius, dins el nom, és un minut que durarà anys, i cada passa que hi fas, per cada un d'aquests noms, és un camí que sempre et circularà per dins, afegit a les venes i a les artèries.

Fa un any just

A l'hora de dinar, a l'hostal, s'instal·la en una taula una parella alemanya amb dues criatures. Em semblen una mica perduts, una mica exòtics, aquí a Castell de Castells. S'estan a Dénia? Van a algun lloc concret, o només a fer una volta per l'interior, i s'han aturat aquí a dinar, perquè han vist l'hostal a tocar la carretera? Quan acabin, no pujaran al poble. Se'n van, i no sé si es ficaran a la vall de Guadalest, i passaran el port de Confrides, o continuaran cap a la vall de Seta, i des del cafè de Balones miraran cinc minuts la Serrella. O simplement, des d'aquest hostal al peu de Castells —un fullet turístic fa l'elogi del paisatge— se'n tornaran a l'apartament de la costa. El sol els ha agafat, els nens seuen passivament desmanegats a les cadires, els pares semblen una mica endormiscats. Durant un moment penso que els podria suggerir un itinerari a partir d'aquí, alguna visita concreta, però seria un error. Jo sóc tan intrús com ells, en aquest món, i cadascú porta l'intrusisme fins on pot, o fins on vol.

Miro el televisor. En aquest dia mateix, 7 de juliol, en aquesta mateixa hora, ara fa exactament un any, un televisor em va fer saber que un aiguat s'havia endut avall un càmping a Biescas. Jo dinava a la fonda de Maella, on havia arribat després de seguir uns quants pobles del Matarranya. Les imatges eren brutals. El gelat se'm va desfer a la copa. Tothom que dinava a la fonda havia deixat les forquilles al plat i mirava la pantalla.

Fa just un any, sí. Ara, aquí, no passa res. Ningú no fa cas del televisor, ni els de la taula del fons, una taula gran, i les persones que hi dinen sembla que són un grup familiar. Al cap de taula veig un home moreno, jove, que gasta un magnífic bigoti negre. Deu ser el Bigot Vell, i vaig a saludar-lo. M'amplia una mica la informació que m'havia donat la dona. «Sí, a Dénia em deien Vell, i això venia d'un besavi meu, que feia de sereno, i quan algú tenia un dubte tothom li deia: "Aquell vellet ho sabrà", i el "Vell" passà al meu avi, després al meu pare i finalment a mi. Quan em vaig instal·lar aquí, aviat farà deu anys, em vaig adonar que em deien "el Bigot", ja duia un bigot com el d'ara, i els devia cridar l'atenció. Però me sabia mal perdre això del Vell, i vaig pensar que el nom de l'hostal podia ajuntar les dues coses.»

Pujo al poble, el sol bat damunt la llarga pujada del carrer pelat on fan obres, i entro al cafè de la plaça, amb ganes de prendre un cafè amb gel. Si no m'equivoco, alguns valencians que he conegut en diuen «un cafè del temps». És una expressió que no acabo d'entendre, jo la interpretaria com un cafè a la temperatura ambiental, i no es tracta precisament d'això. Però l'amo, que es diu Paco, sap què vull, i em fa una proposta: «Què li sembla si, a més de gel, li poso uns granets de cafè i un tallet de llimona?». No ho he vist mai, això. «Ho fa més bo.» «Vostè mateix», li dic. I sí que és bo. La llimona potser no m'hi fa cap falta, però els granets de cafè posen uns «cracs» aromàtics a la frescor.

Veig uns avisos, al bar. Resulta que Castell de Castells també té alcaldessa. S'anuncia un viatge a Port Aventura i, d'aquí a uns quants dies, «una gran partida de pilota a llargues».

Deixo una petita propina pel cafè i el Paco fa un batibull enorme tocant un esquellot, sospito que només per divertir-se amb la sorpresa del foraster, perquè observa, rient, la cara que faig. Jo el felicito per l'estrèpit i li dic que no s'ha de perdre mai l'humor.

Abans i ara

Ben a prop, en un carrer que surt de la plaça, hi ha dos homes que seuen a l'ombra que fa la paret de l'església. M'hi afegeixo. Aviat els he d'explicar que sóc de Barcelona i que aquest matí he arribat a Castells des de Fageca, a peu. Sobre això d'anar a peu, la gent pot manifestar les idees més contradictòries. Hi ha qui no s'ho creu, encara que no gosa dir-m'ho. Però fa una cara d'escepticisme que no pot dissimular, a vegades em miren de reüll, com per agafar-me desprevingut i descobrir en mi algun símptoma de trastorn mental. D'altres s'ho creuen però ho troben molt dur, encara que no gosen afegir «sobretot a la seva edat». També hi ha els qui recorden que ho feien, això d'anar a peu a d'altres pobles, per la festa major, o per festejar, i que també tornaven a peu, però que eren uns altres temps, «i ara només surto del poble si em porten en cotxe». I com a contrapunt dels escèptics, hi ha qui es meravella: «Des de Barcelona, ha vingut a peu?». Tinc la impressió que la gent ha perdut, sobre el fet de caminar, les referències objectives.

Quan sap d'on vinc, un dels homes, que té 88 anys, s'arromanga un camal dels pantalons i m'ensenya una ferida, força visible encara, i em diu que el van ferir en aquesta cama precisament a Barcelona. A Barcelona, durant la guerra? M'estranya. Sembla que va ser a Cambrils. No és la primera persona que diu Barcelona quan vol dir Catalunya. «La guerra l'he fet a tot arreu, he patit molt, jo.» Li dic que se'n va sortir, que no tothom pot dir-ho. «Sí, és veritat. Els temps han canviat molt, i ara no puc queixar-me. I aquí s'hi està molt bé, molt millor que a la costa.» Posa més èmfasi a la veu: «I si volgués hi seria, a la costa, perquè tinc dos pisos a Benidorm». «Què em diu!» «Sí, dos pisos a Benidorm, ja ho veu. Però hi va la meua xicona. A mi no m'agrada.»

El seu company de banc té 85 anys, tres anys més jove. I si fos per ell, ara no s'hi estaria, en aquest poble, però les coses han anat com han anat. «Miri, jo me'n vaig anar a França l'any 1923, al Migdia, que en diuen. I no vaig tornar fins deu anys després, i encara no sé per què vaig tornar. Vaja, sí que ho sé. Va ser el meu pare, que al cap d'un temps no parava d'escriure'm dient-me que el vingués a veure. I l'any 1933 li vaig fer cas. Quan vaig arribar aquí, em vaig trobar que m'havia comprat un matxo i que m'estava arreglant els papers. I em vaig quedar.»

Mou el cap, resignat. «I miri que estava bé, jo, allà. No sé si ho sap, vostè, però li puc assegurar que les franceses tenien més tirada als espanyols que als francesos, perquè els francesos eren més fluixos, oi que m'entén?, nosaltres teníem més d'això.» Mira carrer avall, es veuen els primers camps, un món obert ple de sol, enllà de l'ombra que fa la paret de l'església. «M'han dit que ara ja no és el mateix. No ho sé. Jo, el que sé és que em vaig divertir més en aquelles xiques que en tot lo d'ací.»

Li respecto la pausa, l'home de 88 anys també calla, vés a saber què hi ha de veritat en tot això de les xiques de França. Aleshores els dic que he vist tires de paper de color penjades als carrers, i pregunto què fan, per la festa major. «Per la festa major? Fan de tot. De tot.» L'escenari és aquí mateix, a la plaça. L'escenari és l'espai que hi ha davant la porta de l'església, tres o quatre graons porten a una mena de tarima permanent de pedra. Diuen que si em quedo, ja ho veuré: «Ací hi ha més músics que gent».

El joc dels carrers

Vaig a passejar una mica, lluny de la plaça, que ha estat lamentablement desgraciada. L'església és digna, però el campanar, reformat —s'hi pot llegir: «*Año 1954*»—, sembla fet amb ametlla i mantega, i a dalt hi ha tot de bombetes, l'una al costat de l'altra, que en ressegueixen els quatre costats. Com si damunt l'església hi haguessin posat un pastís de bodes. En un costat de la plaça, les cases d'abans han estat substituïdes per unes casetes que en diríem modernes, façanes que també en podríem dir mones, mostrari representatiu de la diversitat de materials que es pot trobar en una ofcina de construcció. Però el que impressiona és l'enllumenat públic. A la plaça, que és un petit rectangle, hi han plantat quatre pals altíssims, metàl·lics, de bon gruix, que al capdamunt aguanten una barra transversal, i a cada un dels extrems pengen considerables esferes de plàstic. L'espai natural de la plaça, el seu aire, està totalment dominat per aquestes poderoses estructures de fredor industrial, que semblen quatre monumentals creus de calvari. Què hi farem, la gràcia de Castells l'hem d'anar a trobar una mica més enllà, en uns carrers que són com han de ser, on tot té una proporció ajustada, i amb unes meravelloses cortines de canonets de fusta davant les portes. Els colors són d'una sàvia elegància popular, uns marrons amb matisos de vermell i blau fosc, uns verds pàl·lids amb espurnes de rosa i de groc. Són com magnífiques pintures emmarcades en la calç de les façanes, i a vegades, davant aquestes làmines fines, que l'aire fa moure una mica i aleshores hi apareixen nous colors fugissers, algú hi ha posat, a terra, un gran test de geranis d'un roig esclatant.

En un carrer d'aquests, asseguda davant de casa seva, en Sebastià i jo veiem una dona que fa alguna cosa amb les mans. Ens hi acostem. Trena palma silvestre.

Els dits es mouen seguits, precisos —sempre que hi ha precisió sembla que no hi hagi esforç. M'explica que està fent un cistell. Que no s'hi dedica, ara, abans sí, anava pel pobles venent cistells i s'hi guanyava alguns cèntims. «Però veig que vostè en continua fent.» «M'agrada, i ho faig per a mi.» I ens pregunta d'on som. «De Barcelona, són?» Trena una mica més i diu: «Jo no hi estat mai, a Barcelona».

Li demano permís perquè en Sebastià ens faci una fotografia, a ella i a mi. S'hi posa bé, i quan en Sebastià dispara i diu «ja està», la dona diu, mirant la càmera: «Ara sí que hi aniré, a Barcelona».

En un altre carrer, a terra, veiem que hi han incrustat unes boniques lletres daurades, que diuen «*quince*». Més enllà, unes altres lletres iguals diuen «*falta*» i força més lluny descobrim «*saque*». Aquí deuen jugar a pilota valenciana. Miro el carrer, cap a una punta i l'altra, i no ho entenc. Com hi juguen, aquí? Veig una paret al final del carrer, però no és possible que la pilota hi pugui rebotar i tornar fins aquí, quedaria curta. I a més que la paret és lluny, hi ha fanals, un rètol que surt d'una façana, una colla d'obstacles que no han de permetre jugar. Explico a un home que passa la meva perplexitat i em diu que tot això no té cap importància i, a més, que ja no s'hi juga. Només per festes. Però ni que sigui només per festes, i una sola vegada, aquí no s'hi pot jugar. «Ara ho fan al carrer de dalt», diu. Anem al carrer de dalt, i tampoc hi ha cap paret que em sembli utilitzable. O sigui que no entenc res. Fins que en Paco, l'home del bar, m'ho aclareix. No cal paret. Aquí juguen a llargues. Sí, ja ho he vist al cartell del bar. Però què vol dir a llargues?... I a galoxa, i a raspall? I a escala i corda? Les partides de pilota eren el gran entreteniment en aquests pobles, que al llarg dels segles ha anat afeblint-se. És una llàstima, i també és una llàstima que fora del País Valencià no sapiguem pràcticament res d'un joc que, almenys, és tan antic com la pilota basca, i possiblement amb més variants. I amb la més il·lustre certificació literària medieval: «Curial tot lo jorn jugava pilota davant lo palau».

La dona de l'església

Seiem a les cadires que hi ha al costat de la porta del bar. La tarda s'agrisa a poc a poc. Fa una estona hem sentit les campanes de l'església —hi havíem entrat abans, només un moment i es veia rica, en la penombra— i ara esperem senzillament que passi el temps a poc a poc, sentir passar el temps és un aprenentatge de pacificació. Fins que passa un home, s'atura davant nostre, ens mira familiarment i ens diu: «Jo sóc Nostre Senyor». Em sembla que no ho he entès bé. Me'l miro segurament amb cara d'incomprensió, i per això hi torna, però ho fa una mica més llarg: «Sóc el Nostre Senyor, hem parlat este matí».

El reconec, és l'home que seia davant de casa seva, als afores, de cara a la muntanya, i que se sabia la llista de tots els pobles del Berguedà, el Pallars i la Vall d'Aran. No vol res, només saludar amablement, ja que travessa la plaça i ens ha vist, i aquesta aparició és el premi de seure en una cadira sense cap altre propòsit que veure passar el temps. I és en el temps, que les coses passen.

Quan el Nostre Senyor que va fer el servei a Berga se n'ha anat, veiem que una dona surt de l'església. Un dona sola. Un minut després en surt una altra velleta. Ara deu haver acabat el rosari. Però no sortirà ningú més, perquè la segona té una clau a la mà i la fica al pany de la porta. L'església queda tancada, ella se n'assegura bé. Després —ja s'ha girat cap a la plaça—, abans de baixar els tres graons, no sé què fa intentant ficar els dits en un punt difícil de la cintura del vestit, potser per la part de dins, és clar, es guarda la clau. No puc distingir clarament si és un petit moneder que duu cosit. Em sembla que hi ha amagat una cosa més, una moneda. L'operació és lenta, una mica entretinguda, i quan l'ha enllestit baixa els tres graons, vigilant, però seguits.

S'acosta. Va vestida de negre, molt polida, té unes facciones agradables. Passa molt a prop nostre i saludo: «Bona tarda». S'atura, ens mira i correspon: «Bona tarda». Com que continua aturada li pregunto si és que s'ha acabat el rosari, i em diu que sí. «Com que he vist que ha tancat la porta...», em justifico. «Sí, jo me'n cuide. De tancar la porta i de passar el platet.» Ah, sí que era una moneda, el que s'ha guardat a més de la clau, la deu haver donat l'altra dona, la que ha sortit abans que ella. «Jo me'n cuide quan el retor no hi és, que no hi és gaire, perquè sempre va amunt i avall, el retor recorre Fageca, Famorca, Benigembla, ve ací...»

Parla amb una perfecta construcció de les frases, amb una impecable lucidesa, i es veu que té ganes d'allargar el diàleg amb els desconeguts. «I també toque la campana. Per cert, que abans, que he tocat la campana, vostès hi han entrat un moment, a l'església, això m'han dit, però jo, com que tocave la campana, no els he pogut veure. Si s'haguessin quedat un rato més els hauria pogut ensenyar l'església, que és molt bonica.»

Li dic si vol seure, però potser no estaria bé, seure aquí a les cadires del bar, encara que sigui a la plaça, amb dos forasters, o amb qui fos. Però parlar amb els forasters sí que deu estar bé, encara que nosaltres estem asseguts i ella dreta. I aleshores diu això: «La nostra religió és la millor que hi ha», i no espera que jo li pregunti per què, ho diu de seguida: «És la millor que hi ha perquè cada u fa lo que vol». No m'ho esperava, d'aquesta velleta, que continua: «Si vostès tenen ganes de vindre a l'església, vénen, i si no, no vénen. Si volen, donen una pesseta, i si no volen no donen res». Ens mira volent dir «que no és veritat, el que dic?». Sí senyora, és veritat. «Per això me sap mal lo que va passar en la guerra, ho varen trencar tot. I lo que més mos va doldre és que estava tot escrit, qui la va fer, l'església, que duien les pedres a coll, per fer-la. En camions no la farien tan bonica.»

Li dic que el rector li deu tenir molta confiança, que cada dia ella es cuidi de tot, i que això li deu donar bastanta feina. «Sí, al retor ja li va bé. Vostè no sap la historieta que es conte d'un retor?» Faig que no. «Mire, el retor anuncia al poble que darà faena a qui en vullga, i es presenten hòmens que no en tenen, i un li diu: "Jo en vullc», i el retor li pregunta: "Quina faena vols?". L'home diu que vol diners i poca faena, i el retor li contesta: "Home, això és de retor!"», i mou el cap, divertida. Té raó, la nostra religió és la millor, qui vol posar-hi humor, que li posi.

Li pregunto com es diu. «Trinidad. I ja tinc 88 anys.» No ho sembla pas, li faig saber. «És que si s'ho mira bé, només tinc dos 8, i vuit i vuit, setze!» Quina una, la velleta. «I això que fa dos anys em vaig trencar la cadera, ja en tenia 86, però m'he refet.» Li demano que m'expliqui com és que s'ha dedicat a tot això de tocar campanes, de passar el platet, de tenir l'església neta, de suplir el rector... «Miren, senyors, això de l'església neix en un. Neix o no neix.» «I quan vostè ja no pugui tocar la campana, ni...?» «Jo mire d'ensenyar-ne a un escolanet, sempre hi haurà algú, el Senyor dóna força, al braç d'un xiquet o al braç d'una vella.» I afegeix: «El que no pots fer és posar la teua idea als altres, cada u naix en la seua».

Sembla que ara se'n va, i ens aixequem. «Cap a casa?», dic. Em contesta amb una frase d'un dring popular molt bonic, però que de moment no entenc. Diu: «Jo ja estic a semanes...». Se n'adona, i m'ho explica: «Una semana en la filla, una semana en el fill».

Li diem bona nit. La Trinidad inclina una mica el cap, somriu i ens formula, cerimoniosa, el seu desig: «Que visquen molts anys, senyors».

S'allunya seguit, seguit, massa de pressa, ha tombat la cantonada i ja no la veig.

Bona nit, Castells

Entro al bar a tornar el vas buit, i al diari que hi ha sobre el taulell llegeixo que ahir es va declarar un foc a la muntanya de Penàguila, per on vaig passar fa tres dies.

En Paco m'ensenya una sobrassada enorme, amb una curiosa forma de cor. Sabia que se'n fan a Tàrbena, com a herència del repoblament mallorquí, però veig que aquí també. Un cor de sobrassada vermella i picant, no tots els cors han de ser de sucre. En Paco Peña em diu que si en vull. No, gràcies, ara aniré a sopar. «Almenys agafi un caramel», i m'allarga una capsa metàl·lica. Quan l'obro, es disparen contra el meu nas unes molles recobertes de plàstics de colors, i tots ens posem a riure. En Paco em confessa: «Abans, quan l'he vist entrar per primera vegada, no hauria gosat fer-ho, però com que després ha dit que no s'ha de perdre mai l'humor...». M'ensenya altres capsetes amb truc i em pregunta si quan entri en Sebastià també li pot fer una broma. És clar que sí. A vegades costa molt poc fer feliç la gent.

Hem sopat en un restaurant de més amunt, que d'entrada té un nom més aviat poc estimulant: «Macarena». Però és l'alternativa a l'hostal de la carretera. Afortunadament, aquest local no és cap implantació exòtica a Castell de Castells, d'andalús només en té el nom. I la noia que ens serveix ens ho explica. «La història ve de lluny, a l'àvia de la meva àvia li deien Macarena. Es veu que era una dona molt guapa, i es devia assemblar a alguna pintura de la Mare de Déu. A partir d'aquí, el nom el van aplicar a tothom: la filla Macarena, un nét Macareno... Quan nosaltres obràvem per fer aquesta casa, i vam decidir obrir-hi el restaurant, donàvem moltes voltes a quin nom li posaríem. Encara no l'havíem trobat i la gent ja parlava del bar de la Macarena. Jo em dic Ana, però no calia pensar-hi més.»

En aquests pobles, la força de les denominaciones populars continua vigent. Aquí, la Macarena, i allà baix, el Bigot.

Camí de l'hostal, passem per la plaça, on és agradable comprovar que els grans globus penjats en les altes T metàl·liques no s'han encès. Cada bar té el seu petit grup de fidels, algú juga a cartes al carrer, els «bona nit» es repeteixen pausadament. L'animadversió típica dels pobles veïns va trobar la facilitat d'una rima: «Els de Castells, guarda't d'ells». Jo vinc de lluny, d'un altre veïnat, i no m'he de guardar de ningú que, sense coneixe'm, em digui «bona nit» quan em veu passar.

7.
DE CASTELL DE CASTELLS A TÀRBENA

Sensació de llunyania

Voltem pel poble abans de deixar-lo. Hi ha un bar obert, on els homes que treballen a les obres del carrer han demanat, amb el cafè, una copa de conyac. Trobem la dona que ahir feia cistells, i ens somriu, i ens renya: «No s'han llevat gaire aviat». Li dic que avui només hem de fer una dotzena llarga de quilòmetres. El que no m'imagino és quina mena de quilòmetres ens esperen. Ja a la carretera, en direcció contrària ve una parella amb una bossa plena de cargols. Ha plogut, aquesta nit. Si vénen de lluny deu ser per fer exercici, per caminar, perquè al voltant de la piscina també n'hi ha, de cargols.

Ens enfrontem immediatament amb les altes serres, que tenen les carenes tapades pels núvols. Se sent el cant d'algun ocell, i de mica en mica augmenta una flaire barrejada d'herbes, una flaire que es fa intensa, gairebé acre, de substàncies medicinals.

Jo havia previst que, en sortir de Castells, ens trobaríem una costera, i al poble m'havien dit «sí, una costera», però ja es veu ben clar que el camí no serà un sol tram de pujada sinó una llarga ascensió, veiem al davant nostre com la carretera es regira i s'enfila. Han aparegut, un instant, les runes de l'antic «castell dels moros» en el seu cap de serra, però la nuvolada és densa i torna a cobrir-lo.

Ens movem en un escenari fonamental de la conquesta catalana i la revolta morisca. L'aspresa de les serralades i el gris de plom damunt l'aire afavoreixen la imaginària reaparició del passat dramàtic. Castell de Castells, que encara veiem allà baix, al pla, era la plaça forta d'al-Azraq, el cabdill dels rebels. La població era íntegrament morisca. Jaume I, després de la conquesta, va voler guanyar-se la lleialtat dels moriscos i va reconèixer l'autoritat d'al-Azraq concedint-li diversos castells; el moro, però, n'ocupà d'altres, i en aquestes altures on som ara van combatre furiosament cristians i sublevats. Sembla que la derrota definitiva dels moriscos es va produir més cap al nord, en un barranc conegut amb el nom de Malafí.

Segons Coromines, el nom complex Castell de Castells ve d'un ús popular, «imitat de la sintaxi arabitzant de la població autòctona. El conegut "superlatiu semític", típic d'aqueixes llengües des del temps bíblics: el *Càntic dels Càntics*, de Salomó...». «Quin castell més principal per als moriscos que la ciutadella —el Castell de Castells— del pertinaç rebel al-Azraq?»

Són uns cinc quilòmetres de contínua pujada, revolt a revolt. La sensació de llunyania del poble de Castells —de la dona que fa cistells, de l'home del cafè que oferia capses de caramels amb truc— és més que geogràfica, de diferència d'altura; és una sensació de temps, com si allò hagués passat fa dies, mesos.

Al marge del camí, un abellot s'atura en una flor lilosa, després passa a una de blanca. Es multipliquen les mates florides, i de sobte, en l'aire quietíssim, una insistent i dolça olor de mel.

La sorpresa del pla d'Aialt

Quan finalment passem un coll, veiem que, cap a llevant, s'obren petits forats de cel clar. Però tenim aquí mateix l'enorme sorpresa d'un pla molt extens, un gran pla en aquesta altura fins ara esquerpa, i al fons el que deu ser l'autèntic coll de Bijauca, a partir del qual començarà el descens. En un costat del pla, lluny de la carretera, gairebé es confonen amb el color de la terra alguns corrals, i un parell de construccions que semblen cases. Això deu ser Aialt, encara que el meu mapa digui «corrales del Alt». L'any 1563, Aialt era encara una alqueria amb 29 cases de moriscos, i el 1609 es va despoblar. Alguna cosa es mou, al lluny, és un motocultor, i em sembla veure un jeep prop d'una casa. Hi ha vida, aquí dalt, i, prop del camí, camps on creixen tomàquets, cebes, pebrots, síndries, melons, pomeres, vinya, noguers, cirerers... Sense haver d'alçar parets de pedra per fer bancals!

La inesperada troballa d'un gran pla de muntanya sempre m'ha impressionat, i més quan hi he arribat a peu, com em va passar també fa dos anys a Benafigos. L'aparició d'un pla tan enlairat, invisible fins que no hi ets, té alguna cosa de joc de màgia. Esperes passar ràpidament de la pujada al descens, però aleshores no s'obre el panorama cap avall, sinó que es dilata a dreta i a esquerra, fas unes quantes passes cada vegada més lentes i t'acaba aturant la sorpresa. L'espectacle d'Aialt és una meravella, sobretot per la llum. En aquests plans de muntanya, que són com un terrat altíssim, hi ha una llum especial, una llum fina i vibràtil, que sembla néixer del terra, una llum tranquil·la, que no ha topat amb les arestes de les cingleres, que sempre la refreden i l'endureixen. El pla d'Aialt és una panera de llum fresca, per dur-la al mercat —com hi duen aquestes pomes, aquestes cireres.

La nuvolada, que fins ara era una massa quieta, comença a moure's. Es desenganxa en làmines. Es formen uns núvols baixos, de menys densitat, que es desplacen veloçment damunt dels nostres caps. I sobre el mateix pla d'Aialt es fa un estrip blau, que modifica le seves vores, s'allarga, s'encongeix, s'arrodoneix, es fragmenta. El sol no s'arriba a veure, però la llum de l'aire augmenta, disminueix, s'agrisa, es caramel·litza una mica. El pla canvia cada segon.

Sento la veu llunyana d'un pastor.

Ara dos jeeps se'n van per un camí, al fons, potser aniran a parar a la carretera per la qual hem pujat, potser s'enfilaran per alguna pista cap a les llomes.

Continuem. Passem, finalment, el coll de Bijauca, i aviat el pla queda allà dalt, a la nostra esquena, altra vegada invisible.

Prop del camí, unes grans mates de farigola. I un vol de perdius. En Sebastià em diu que potser mai no n'havia vist tantes de juntes. Volen entre roques i arbres, en un espai que sembla casa seva. Van i vénen. Tranquil·les.

La baixada és ràpida, però llarga. Deixem enrere una muntanya cònica, el Somo. Durant un bon tros, per la carena que tenim a l'esquerra van baixant dits de núvol, com si rellisquessin per la roca, i ens passen gairebé a tocar. En algun moment penso que ens embolicaran, que ens posaran una bena als ulls.

El camí fa una volta oberta i cap al sud, a mitja serra veig dos o tres masos, magnífics. Són les cases de Bijauca. Bijauca és un nom bonic i misteriós. Coromines hi troba una arrel àrab, nom o sobrenom amb el sentit «el de la colla, de l'escamot», aplicat no sols a algú sinó també a un lloc freqüentat per una determinada colla de gent. El paratge, alterós i dominador d'una via de pas, es presta a imaginar la presència d'una banda de gent armada, soldats o bandolers. Però nosaltres no ens hem trobat ningú, absolutament ningú, ni a peu ni a cavall, que faci el mateix camí que nosaltres, ni que ens hagi sortit al pas pujant de Tàrbena.

«*Si fóssim uns...*»

Però a uns dos quilòmetres de Tàrbena sí que veiem una figura humana. És un home que ve cap a nosaltres, i ens trobarem en un tram pla de carretera. Va sense camisa però duu un barret de palla a la mà. Deu voler prendre el sol, se'l veu vigorós, i això que ja és gran.

Ens intercanviem els «bon dia». La trobada és una novetat per a tots. Nosaltres no hem coincidit amb cap passejant en tota la setmana. El primer dia, just a la sortida de Callosa d'En Sarrià, vam conèixer a la carretera la Raquel i les seves dues amigues, i fins avui no hi hem parlat amb ningú més. L'home ens explica que fa un passeig. Déu n'hi do, el passeig, i en aquesta hora del matí. «No tinc pressa, estic jubilat.» Resulta que ha treballat més de quaranta anys a Alemanya. «Primer en una fàbrica de cables, això va ser molt dur, després als laboratoris Bayer, ja era una altra cosa.» Va treballar a Berlín, a Hamburg, a Colònia. Després del laboratori, a Correus, i en el que ell en diu un arxiu de documents. «I això no era descansat?», pregunto. «Miri, ja no podia aguantar més el clima, el clima era dolent, i cregui'm que quan vaig venir cap aquí vaig arribar que patia una angoixa terrible. Quan hi va haver la crisi del 67 em va passar pel cap anar a Austràlia, però m'havia fet mal a la mà.»

Li dic que el coll i la baixada de Bijauca és un paisatge magnífic. Sí, ho coneix molt bé, tot això, i això que han passat els anys, i hi ha hagut canvis.

«Veuen aquells ametllers d'allà baix?» Sí, els veiem, un camp força gran. «Aquell camp era meu, però quan vaig marxar no hi havia ametllers, tot era vinya.»

Com que ha vist que admiràvem el paisatge, ens diu: «No volen pas comprar un terreny, aquí, per fer-se una casa?». Potser es dedica a això, ara? «Mirin, quan floreixen els ametllers, tot això és blanc. És una cosa que no es pot explicar, s'ha de veure, tota aquesta fondalada blanca... Un any hi van venir noranta-dos cotxes a mirar l'espectacle.» Noranta-dos cotxes? «Sí, els cotxes dels noruecs.» «Els noruecs?» De què parla, aquest home? «No saben que a Alfàs tot són cases de noruecs?» No, no ho sabíem. L'Alfàs és un poble de la Marina, prop de la costa, entre Altea i Benidorm. Tants noruecs, hi ha? Però l'home no deu exagerar gaire, si és veritat que, com diu, fins i tot l'alcalde és noruec.

Penso que no sé què m'hauria fet més impressió, si tota aquesta florida blanca d'ametllers o 92 cotxes de noruecs reunits aquí per mirar-ho.

Ha arribat l'hora de dir-nos adéu, de desitjar-nos que tot vagi bé, i ell se'n va cap amunt i nosaltres cap avall. I encara no havíem fet una dotzena de passes que sentim que ens crida. Ens girem. Avança cap a nosaltres tres o quatre metres, només, i ens fa aquesta pregunta, absolutament inesperada: «Què pensen vostès d'això de Barcelona i el País Valencià?» També ell ha dit Barcelona, volent dir Catalunya. No sé quines idees té, aquest home, i no m'agrada gens la possibilitat d'estar-nos una bona estona aquí, discutint sota el sol, un tema tan delicat. Dic una frase que és certa però poc comprometedora: «Que ens entenem molt bé». L'home s'anima i formula amb rotunda franquesa la seva opinió: «És clar, com que parlem la mateixa llengua... Però no seria millor que tots fóssim uns?» I corre a afegir: «Amb Mallorca». Jo me'l miro, enlluernat. Obre els braços com per emmarcar una evidència. «Seríem els més rics, hi guanyaríem tots.»

Hi poso un punt d'intenció, en el meu comentari: «Però n'hi ha alguns que no els agrada...».

L'home ho diu ben clar i ben curt: «A mi, sí». Dic: «Doncs ja som tres. Tots els qui ara som en aquest camí. Més que majoria, unanimitat».

Ens fem un gest amb la mà i finalment ens separem.

Acceptats a Tàrbena

Ens acostem a Tàrbena mantenint força altura sobre la vall que s'ha obert a l'esquerra. És una vall profunda, i pel fons hi passa una carretera. El panorama és esplèndid i es veu com la carretera de la vall dibuixa una cinta que es cargola i s'allunya, pujant, cap a un horitzó d'altes muntanyes. Allà hi deu haver el coll de Rates. «De Tàrbena no la vullc, / de Benissa, no dic res; / quan aplegue al Coll de Rates / la que agarre, meua és.» No parla un empaitador de noies, sinó un caçador de perdius.

El paisatge té una força impressionant, clapat de roques a mitja muntanya, i un perfil en les altures retallat de cims aguts. I als vessants, tan esquerps, d'aquestes serres, bancals i bancals, l'un damunt de l'altre, increïbles graons tallat en la pedra.

Arriba un moment que la carretera que ve del coll de Rates ha anat pujant, vall amunt, i es fa paral·lela a la nostra. Una mica més enllà, conflueixen. I de cop es veu Tàrbena. La millor perspectiva d'un poble que hem trobat aquests dies. Tàrbena sembla que estigui enfilada en una mena de terrat del turó de les Vinyes, una mica més avall d'on som. Fa molt bonic la ratlla blanca d'un carrer llarg, en la cresta d'aquest turó. Al darrere d'aquest poble es veu un gran espai d'aire, i s'endevina que després d'aquesta barana de cases comença el buit pel qual es precipita el camí que baixa a Bolulla i a Callosa.

On som en aquest moment, en aquest coll que ens permet mirar Tàrbena una mica més avall, hi havia un castell islàmic i el primitiu nucli de població, conegut amb el nom de Benigebel. Va passar a dir-se'n Tarbeneta, o Poble de Dalt, quan es formà el nou nucli habitat, Benitafal, o Poble de Baix, que avui és la Tàrbena pròpiament dita.

La carretera duu al carrer recte que havíem admirat de més amunt i el seguim fins al centre del poble, on hi ha l'església i l'Ajuntament. Precisament és aquí on hem d'anar, a l'Ajuntament, i demanar per una noia que li diuen Mariló i que hi treballa. Perquè quan, des de Barcelona, vam telefonar per saber si a Tàrbena hi havia fonda, la noia que ens va contestar ens va dir que no, però que ja ho arreglaria d'una manera o altra. I a més, va tenir la gentilesa d'enviar-me un interessant llibre de Miguel Signes sobre la història de Tàrbena.

Escales amunt, trobem la Mariló en un despatx, i ens presenta la persona amb qui està parlant, que és l'alcalde. Els dic que no deixin la feina per nosaltres, que no tenim pressa. Al cap de dos minuts, la noia surt, i també l'alcalde, que s'ofereix per ensenyar-nos Tàrbena, i jo li dono les gràcies però li explico que m'estimo més explorar el poble pel meu compte, i badar, i... L'home ho entén, és agradable un alcalde que et respecta la llibertat. La Mariló Moncho ens diu que la seguim fins a casa seva, que és aquí mateix, al carrer de Santa Bàrbara, al costat de l'església. O sigui, al rovell de l'ou del poble.

Hi trobem la Cristina, que és la seva germana, i una nena, la Gemma, filla de la Mariló. I un gos, *Laski*. La Cristina és qui ens deixa la seva habitació, i es repeteix la solució de Benilloba: una noia soltera posa a la nostra disposició el seu dormitori perquè puguin estar-se al poble dos forasters que s'han entossudit a aturar-s'hi. La Cristina, que sempre ens mira somrient, ens fa saber que ha tret algunes coses de la seva habitació perquè no la trobem tan atapeïda. M'agradaria saber què ha tret, però no goso preguntar-li-ho. Potser ha pensat que algun objecte ens faria físicament nosa, o ha guardat allò de més personal? Una noia va dipositant en el seu espai privat successius testimonis de la seva infantesa, de la seva adolescència, de la seva joventut encara tendra, i em semblaria molt bé que no hagués volgut exposar-los a la mirada dels desconeguts. Entre quatre parets hi ha una història de la pròpia intimitat, i jo procuro no mirar gaire, per no caure en la temptació d'anotar alguna cosa al bloc. La confiança demana respecte, i l'escriptor intrús ha d'abstenir-se de redactar l'inventari de la privacitat.

Amb jeep és més aventura

Els pregunto per en Pinet, i m'adono que no els fa gràcia. En Vicent Sanchis, director de l'*Avui*, quan va saber quins pobles volia conèixer em va dir que, sobretot, anés a veure en Pinet de Tàrbena, estrany personatge que té un bar amb la bandera quadribarrada i la roja, que sembla que es va inventar un partit comunista a Tàrbena, i del qual es conten, segurament, tantes veritats com mentides. La Mariló em dóna a entendre que l'Ajuntament i en Pinet no mantenen unes relacions gaire bones. El bar d'en Pinet ocupa els baixos de l'Ajuntament... Suposo que paga poc, de lloguer. També em diuen que va obrir una discoteca, als afores, sense preocupar-se de demanar permís. Ara l'han tancada. «Si hi parles, el primer que et dirà és que és una víctima de l'Ajuntament.» Que passi el que Déu vulgui, el que no he de fer és ficar-me on no em demanen ni oblidar la meva condició de foraster innocent.

Però s'ha de dinar, i hi ha dues possibilitats: La Cantarella, que és a cosa d'un quilòmetre, a l'altre costat del barranc, i el restaurant d'en Pinet, que és a vint passes. Ja hem caminat prou, aquest matí, de manera que entrem al Pinet i per sopar ja anirem a La Cantarella. Però el restaurant és absolutament ple. Ni una taula lliure. Tots els clients em semblen turistes. En Pinet deu ser aquest home a qui li falta una mà i que quan li parlo no em fa gaire cas. Va amunt i avall, atabalat. Aconsegueixo dir-li que ens guardi una taula per sopar, i no em moc fins que veig que ho escriu en un dietari.

Sortim i anem cap a l'altre restaurant, aguantant el sol, carretera enllà, i mentre camino em dic que no ho entenc, com és que aquest migdia de divendres està tan ple, el Pinet. Deu tenir molt de renom, i deuen trobar-s'hi els estrangers que són a la Marina Alta —que hi arriben pel coll de Rates— i els qui passen les vacances a la Marina Baixa, Benidorm, Altea, Calp, que pugen per Callosa d'En Sarrià. Tàrbena té un eslògan: «Balcó de ses dues Marines».

La Cantarella és un edifici nou, a peu de carretera, amb un menjador enorme i àmplies terrasses penjades sobre la vall i des d'on hi ha una vista magnífica de Tàrbena, estirat sobre el turó, com una serp blanca, en aquesta hora de somnolència. A les parets del menjador hi ha esclops, paelles, una trompeta i altres instruments, una antiga fresquera... Al sostre, hi han penjat tots els tòpics: càntirs, carbasses, forques, barrets, cistells, caps de porc senglar dissecats, gibrells, ceràmiques diverses, escopetes, xarxes de pescadors, una serra, un molinet de cafè, un collar de vaca...

Dinarem aquí, en aquesta sala, pràcticament sols, però les terrasses són plenes. Compto que en aquesta terrassa allargada sobre la vall hi dinen, en aquest moment, uns vuitanta estrangers amb vestit de bany. La terrassa és coberta per un encanyissat que podria ser de platja.

El restaurant té un pàrquing a l'aire lliure, on hi ha cotxes i jeeps, però sospito que La Cantarella és punt de parada i fonda dels autocars que porten turistes de la costa a fer una excursió per l'interior. Una pissarra gran anuncia, a l'entrada del menjador: «*Partridge with prunes. Perdrix aux prunes. Rebhün mit pflaumen*».

De cop, la majoria dels estrangers que dinaven desapareixen de la terrassa. I ara m'adono que al pàrquing no n'hi ha només cinc o sis, de jeeps, sinó una vintena, i que a les portes hi han pintat: «*Expedición Marco Polo*». Tots iguals. És una empresa de Benidorm. La gent puja als jeeps, que arrenquen. Per sortir del pàrquing a la carretera cal pujar una rampa, i un jeep es cala. Es fa una cua de jeeps. D'altres es queden sense força a mitja rampa i se'n van endarrere. Els que han de sortir després s'esperen prudentment allunyats. Conduir un jeep ja deu ser, per a la majoria d'aquests turistes, viure una aventura. Miro com, finalment, ja han pujat tots a la carretera i, un cop reagrupats, es posen en fila i inicien el descens cap a terres més baixes, cap a Callosa, ells sense camisa, la pell vermella, gorres de bèisbol, una cama fora del jeep, feliços de viure aquesta mena de safari exòtic a quatre passes, com qui diu, de la rutina sorrenca.

Ara hi ha silenci, aquí. El servei, organitzat, recull ràpidament vasos i plats de les taules. Al taulell de l'entrada, un home pren un cafè, podria ser l'encarregat. Realment, La Cantarella és una instal·lació estratègica en la carretera de Gandia a Benidorm. Però també hi havia estrangers, al Pinet, dins el poble. Potser el que és estratègic és l'emplaçament de Tàrbena. De tota manera, als carrers no n'he vist, de turistes. Tinc la impressió que a Tàrbena hi dinen, només, i mentre hi arriben i quan se'n van, donen un cop d'ull admirat a la bellesa d'aquesta alta vall espectacularment muntanyosa, amb serres musculades que semblen enormes gossos a punt de saltar.

Refem el camí cap al poble i tornem a entrar-hi pel carrer del matí. Hi passa un airet que és una delícia, després de la nova assolellada. Prop de casa de la Mariló hi ha una moto aparcada, que duu aquest adhesiu: «*Prepared by James of Tàrbena*». Perfectament compatible amb el rètol de la botiga que té al darrere: «*Comestibles Petitó*».

Notes de Tàrbena

Estirat en un dels llits de l'habitació de la Cristina, repasso les notes que vaig prendre a Barcelona del llibre de Miguel Signes. No és un resum ordenat, com ell fa, de la història de Tàrbena. He triat algunes notícies que permeten conèixer una mica com és aquest poble on hem anat a parar.

L'any 1920, Tàrbena tenia 1.621 habitants, i ara en deu tenir més o menys la meitat. Però el despoblament ja ve del segle passat, perquè entre aquestes muntanyes es vivia amb moltes dificultats. En aquells temps, els tarbeners emigraven a Alger, Orà, Tlemecen —com passava en altres pobles de la Marina. Hi ha gent de Tàrbena als Estats Units, Austràlia, Argentina... i naturalment a Catalunya. Molt abans, al segle XV, Tàrbena ja havia quedat deshabitat, el vell Tàrbena del cim de la muntanya, on hi havia el castell. Hi havia hagut una quarantena de cases de moros, que van desplaçar-se a altres indrets on les càrregues fiscals a què estaven sotmesos no eren tan dures. Després de l'expulsió dels moriscos, el 1609, la vall va ser repoblada per mallorquins, que van dur-hi la seva llengua i alguns costums que encara perduren. Els 36 primers colonitzadors —se'n coneixen els noms— van rebre, cada un, una casa i les terres corresponents.

Em salto la crònica dels segles successius per recollir tres anècdotes d'aquest segle. La primera té com a protagonista un mestre, Guillermo Conesa, pel qual l'autor del llibre té una gran admiració. Era un mestre innovador, que topava amb el capellà i el sector reaccionari del poble. Un dia de l'any 1919 decidí tancar l'escola, que estava en molt mal estat, i continuar donant les classes a casa seva. Els seus adversaris el van denunciar: no li era lícit adoptar una decisió personal i greu com aquella. Mentre les denúncies feien el seu curs, una tarda d'aquell hivern l'escola es va ensorrar. A dins no hi havia cap nen. Algú es va penedir dels atacs al mestre, però, cansat, «*don Guillermo opta por marcharse de Tàrbena, con lo que el pueblo pierde, quizá, al más grande maestro dè su historia*».

El segon fet que copio va passar l'any 1927, fa tants anys com els que jo tinc. Va comparèixer a Tàrbena una «*pareja esperpéntica. Él era largo, estirado, huesudo, desgarbado. Ella era fiel al retrato de la Rosario de Popeye, un haz de sarmientos*». La parella s'instal·là a la fonda de Quico la Pura, una meravella de nom, penso, llàstima que la fonda hagi desaparegut. L'home, «el senyor Rico», no tenia ofici ni benefici, i va arribar a Tàrbena com a agent del fisc, amb el propòsit de cobrar una colla de partides mortes i sepultades a les golfes d'Hisenda, a Alacant. Escarbant en el fossar dels paperots, el senyor Rico volia cobrar tres o quatre rebuts cada dia, a vegades corresponents a persones ja mortes. Fins que el poble es va llançar al carrer. Un vespre, les dones van sortir amb els perols, els esquellots del bestiar i cridant «fora lladres!». El senyor Rico va saltar la tàpia del corral de Quico la Pura i, muntanya avall, va fugir cap a Callosa.

I l'última: quan el 1936 el Front Popular va guanyar les eleccions, Tàrbena ho va celebrar amb una mascarada burlesca: «l'enterrament de Gil Robles», el líder de la dreta. Fan voltar un taüt pel poble, que s'atura davant de cada casa de gent de dretes. Com un capellà «civil i grotesc», en Pep del Correu canta a cada parada del taüt aquesta tonada: «Ma que eres porc, ma que eres porc, ara que vénen les figues ara t'has mort». I al darrere, el Chochim i el Vicent imitaven les ploraneres professionals.

Traspàs de cadires

El bar es diu «As Tarbeners». Cal de no confondre «tarbeners», de Tàrbena, amb «taverners», encara que es tracti d'un bar, i aquest estrany article *As* és un dels vestigis del parlar mallorquí portat fins a aquí pels repobladors del segle XVII. Els mallorquins també van arribar a altres pobles, però possiblement és el llarg aïllament de la vall de Tàrbena, on hi ha també Bolulla, el que explica que en aquest territori la supervivència de mallorquinismes sigui més forta i general. En el seu magnífic estudi sobre el parlar de Callosa d'En Sarrià i de les valls de Tàrbena i de Guadalest, Vicent Beltran explica la persistència de l'article salat en les formes *es, sa, ses*. La distinció d'ús entre aquestes formes i les més literàries *el, la...*, si bé no coincideix exactament amb el tractament que se li dóna a les Balears, segueix els mateixos criteris i no varia gaire. Quan he conegut la Mariló, m'ha parlat de «sa casa», i em sembla que aquest ús continua essent força general. I no tan sols parlat. Algú m'havia dit que era un costum reservat a l'àmbit familiar, però en un fullet de l'Ajuntament llegeixo que el visitant d'estiu farà bé de «pegar-se un banyet a sa piscina municipal».

Els qui rabiosament volen separar valencià i català, aquí es trobaran amb un petit i divertit problema: uns valencians que utilitzen formes mallorquines amb fonètica valenciana quan parlen amb un foraster català.

Al bar As Tarbeners hi ha un avís de l'Ajuntament que convoca a una reunió als qui estiguin interessats a fer un viatge a Santa Margalida, Mallorca. Hi ha un projecte d'agermanament amb Tàrbena. Un altre paper anuncia que avui, a les onze de la nit, hi haurà bingo a la plaça. No penso pas perdre-me'l. Però sí que renuncio a la proposta que em fa un cartell que diu, amb grans majúscules, «Cubalitros». El repertori és «JB-cola, 1.000 ptes.; Gin-limón, 800; Vodka-naranja, 800, Burret, 800, i cervesa, 400».

La vorera del bar és estretíssima, s'hi poden apuntalar, just, les quatre potes d'una cadira. El que té gràcia és que a la vorera del davant també hi treuen cadires, per seure-hi, alguns clients del bar, de manera que no és estrany que conversin els tres homes d'una banda amb els quatre de l'altra, sense haver d'alçar la veu. Quan un home sap que avui he vingut de Castell de Castells, em diu que ell hi havia anat moltes vegades, a peu a Castells, per la festa major —diu «a revetla». Pel coll de Bijauca, i si jo l'he fet aquest matí ja hauré vist quina mena de camí és, llarg i dur. «Doncs anàvem i tornàvem, i a voltes mamats i tot. Ara agarren el cotxe per anar al cafè.»

L'home no entén que alguns forasters vinguin a passar l'estiu en aquestes valls. «Com una dona que es passa el rato llegint. I alguns s'han comprat una casa a Bolulla i tot. Però si de Barcelona pacamunt hi ha molts poblets tranquils com aquest.» La gràcia d'aquestes dues files de cadires enfrontades és que un pot agafar la seva i passar-se a la fila del davant, si ha comparegut algú que li interessa, i a vegades tothom està en una banda del carrer; i les cadires s'omplen i es buiden, i entren i surten del bar. Així pot passar que, quan canvio de banda, senti la sentència d'un home sense conèixer el diàleg que l'ha precedit i que ara li fa dir: «Sa sang jove no és el mateix que sa sang vella. Sa sang jove veu les coses d'una altra manera». I el seu company ho confirma: «És aixina, la vida». En canvi, arribo a temps d'escoltar una peça rodona de pregunta i resposta: «On vas a boda?» «Encara no ho sé, sa dona té sa carta.»

Mere, als anys 30

S'ha girat un vent incòmode, almenys en aquest carrer, un vent gairebé fred. Uns núvols foscos passen per damunt de l'església, de pressa.

L'home que ara tinc al costat té ganes de parlar amb un català. Perquè ell ha estat a Catalunya, i la primera referència que em dóna em costa de pair-la: «Jo havia treballat al tramvia d'Argentona». El tramvia d'Argentona és la imatge de la meva infantesa. Quan jo tenia tres mesos ja hi vaig anar a passar el primer estiu, a la casa de l'avi Massip, a la plaça Ballot. Aquells records els he recollit en un llibre, a la coberta del qual hi ha la fotografia d'un nen que era jo. I ara resulta que, mentre em feien aquella fotografia, fa més de seixanta anys, aquest home que tinc al costat, en aquest carrer de Tàrbena, també era a Argentona. Hauria pogut ser el conductor del tramvia que parava a la plaça Ballot, davant d'aquell nen que era jo, que esperava que en baixés el pare.

Però aquest home, que encara no sé com es diu, no conduïa cap tramvia, era un modest emigrant que treballava de peó, potser arreglant les vies. «Això era l'any 1931 —m'explica—, i també em vaig dedicar a collir patates per tot el Maresme, al Masnou, a Vilassar... Aleshores teníem el que se'n deien caps de colla, que eren els que anaven a parlar amb els patrons que volien llogar gent. Arribàvem al poble i el primer que fèiem era buscar el cap de colla, perquè ell ja hi havia anat abans, a treballar, i coneixia els patrons que ens podien donar feina. Hi dormíem i tot, a casa dels caps de colla. Primer a terra. Sí, sí, a terra. Després damunt d'un sac.»

Em miro l'home, té un nas poderós, uns ulls de mirada concentrada, penetrant. «Aquí es guanyaven tres cinquanta de jornal, i allà deu peles. Per això volia quedar-me a Vilassar, o al Prat, que també hi vaig treballar, però un estiu vaig venir al poble i m'hi atrapà la guerra.»

Veig que passa en Pinet, amb un arxivador sota l'aixella, i dic a l'home del meu costat, a veure què em contesta: «Este no està en el restaurant?». Diu: «Sí, on hi ha les banderes». Però no em diu ni el nom. Es fa el silenci. Li pregunto a l'home com es diu, ell. «Hermeregildo», respon. «Però em diuen Mere, l'altre és massa llarg, i a més porta *hache.*» També li pregunto quants anys té. «Vuitanta-quatre.» «Això no és res.» Em mira: «No?» «Al costat de vuitanta-cinc, no.» Li ha fet gràcia, es posa a riure, «molt ben dit», i potser ho aprofitarà quan al cafè es parli d'anys.

«Llavors, a Barcelona hi havia la CNT, que era molt important, Durruti, Ascaso... Ara em diuen que Barcelona ha canviat molt. Hi ha la Bonanova. En aquell temps tot eren camps, i ara no s'hi assembla de res. M'ho ha dit una gent d'ací, que hi viu, i m'ho expliquen. Ja no hi ha camps, sinó cases molt bones.»

I em diu que no hi ha tornat mai, a Barcelona. «Quan treballava al Prat, agafava un autobús que em portava a la plaça d'Espanya. Jo me n'anava al Paral·lel, i passava el rato en uns locals amb tot de llumets verds i vermells, i hi sortien a cantar i a ballar uns que no sabies si eren homes o eren dones.»

Li recordo que la guerra el va atrapar a Tàrbena. «Sí, les coses de la vida. Si no, potser m'hi hauria quedat, a Barcelona. Quan va venir la guerra, em van dir: "Mira, guanyaràs un duro si fas guàrdia a l'entrada del poble". I quan va acabar la guerra em van ficar a la presó. Però em vaig buscar una influència i em van fer ordenança del director de la presó, ja ho veu. I no és que jo tingués cultura, encara que havia vist món, a Catalunya. El pare era jornaler, poca cosa, i jo a escola vaig anar-hi poc, quan tenia vuit o nou anys vaig plegar, i la meva vida va ser dur un ramat a pasturar i fer les feines del camp.» Té un cap molt clar, una expressió enèrgica, una mirada que ho encalça tot, aquest home. Li pregunto com viu, ara. «Miri, una pensió de misèria, una pagueta fluixa, però bé. A més, tinc un *arrimo*, ametles, raïm... Mentre puguem caminar...»

El món d'en Pinet

L'aire fresc té petits cops inesperats de ventada, però de cop veig que, a l'esquerra, la plaça s'omple de llum, alço el cap: al cel hi ha un clap de blau magnífic. Potser no durarà gaire. Li dic al Mere que vull sopar d'hora i deixo el cap de carrer per travessar la plaça de l'església. L'església és del segle XVIII i em sembla d'una fredor renaixentista poc interessant. Abans n'hi havia hagut una altra, aquí, però l'església realment antiga de Tàrbena havia estat al castell, al cim del turó. Explica Miguel Signes que, d'aquell temple en ruïnes, la gent en deia «sa caseta dels moros». Ja feia temps que el rector l'havia abandonat i se n'havia anat a viure a Sueca. Després s'hi van fer obres i Pere Bou comprà una campana, però encara que sonés, els fidels no hi pujaven, perquè el camí era llarg i dolent i l'espai inhabitable. La primera església que es va fer al poble de baix, a la plaça, acabada el 1589, va ser pagada pels moriscos, sense cap aportació dels cristians.

A quatre passes hi ha el restaurant d'en Pinet. En Sebastià i jo seiem a la taula que ens diuen, en un racó, i la mirada se'ns perd per les parets, encara que les parets no les arribem a veure, estan completament tapades per centenars de peces, grans i petites, planes i en relleu, i de seguida es veu per on van les idees de l'amo. Obro el petit bloc i anoto: una bandera quatribarrada, una bandera roja amb la falç i el martell, emblemes de la CGT francesa, una bandera andalusa, l'estelada independentista, cartells de «nuclears, no», la bandera republicana, una ikurrinya, pòsters del Che Guevara, foto de la Pasionaria, un cartell anglès «Vote Labour», banderes roges de la UGT, reproducció del Gernika de Picasso, cartell amb una fotografia de la guerra civil, la bandera corsa, cartell del «9 d'Octubre. Dia del País Valencià»... I una llarga col·lecció emmarcada de versos, autògrafs, textos polítics.

La gent sopa tranquil·lament en aquesta mena de museu ideològic, i Pinet va amunt i avall agafant les comandes i portant ampolles de vi a les taules. La carta del restaurant està escrita en valencià, en castellà, en anglès, en francès, en alemany i en holandès. Hi ha alguns estrangers que mengen amb entusiasme, contemplats per Che Guevara i la Pasionaria.

En Pinet ens porta un plat d'entrada on hi ha un tall de sobrassada. La sobrassada que fan a Tàrbena és una altra herència dels repobladors mallorquins.

Ja he dit que el periodista valencià Vicent Sanchis m'havia parlat, a Barcelona, del famós Pinet de Tàrbena, però no estava segur que encara fos viu. ¿És possible que es referís al pare d'aquest Pinet que ara es mou amb tanta energia? I encara hi ha un altre Pinet, que deu ser l'avi, bandoler reconegut. Jo em faig un garbuix, amb aquests Pinet, i per això, quan veig que el Pinet d'ara ha ensenyat a la gent d'una taula una mena de llibre li pregunto què és, i és el que havia intuït: un extens recull de fotocòpies de premsa que parlen d'ell i del restaurant. Li demano que me'l deixi, per prendre alguna nota. I la veritat és que no sempre entenc de qui parla el periodista, però encara que jo pugui confondre'm les notícies són curioses.

Si no m'equivoco, l'actual Pinet es diu Jeroni Moncho, i la seva dona, Anita. Ell va perdre la mà dreta per culpa d'una bomba que no havia explotat durant la guerra. La dona de Pinet va ser víctima d'una altra bomba, de petita, i va perdre un ull. Aquest Pinet va néixer a Benidorm, on el seu pare tenia un bar, en un temps en què a Benidorm només n'hi havia dos... Aquest restaurant on sóc es va obrir l'any 1976 amb el nom d'Hostal del Poble. Als periodistes, Pinet explica que l'avi bandoler l'havia dut a veure les coves on s'amagava, cap a Finestrat, i rememora que aquell Pinet, una vegada, agafà les armes de dos guàrdies civils i els lligà a un garrofer. La Guàrdia Civil mai no el va agafar. «Quan els cacics apretaven massa el poble, Pinet intervenia. Sí, el bandolerisme va fer estralls, però moderà els abusos dels terratinents.»

Jo no em veig amb cor de conèixer la història real, tenint en compte que Pinet explica aquesta anècdota: «A Ondara jo feia auto-stop, quan va passar un cotxe. Va parar. I veig que el condueix Juan Carlos, que anava amb la Sofia. Em va caure simpàtic, encara que jo sóc comunista».

El pare de l'avi bandoler —si és que lligo caps entre tots els sobreentesos que hi ha a les entrevistes fotocopiades—, cansat dels problemes que li creava el fill, l'envià a Algèria. Però Pinet tornà. No el van agafar, però sembla que ell s'entregà a les autoritats, a Màlaga. Al cap de poc temps subornà els carcellers, va fer construir una barca amb diners del pare i es va fer a la mar. A l'estret de Gibraltar, va ser capturat per un vaixell de guerra espanyol, i el van dur al penal de Ceuta. Quan en sortí, intentà dedicar-se a la joieria, però havia emmalaltit psíquicament. Li van arribar a aconsellar que tornés a la presó. Però passà els últims anys en una petita casa de pescadors de Benidorm.

Aixeco els ulls dels retalls de premsa enquadernats perquè pels altaveus m'arriba una veu que reconec. És Paco Muñoz, un excel·lent cantant valencià que no ha estat acceptat com es mereix, i que té un disc esplèndid amb poemes de Vicent Andrés Estellés. Havia de sonar aquí, en aquest cau d'heterodòxies! I d'iniciatives tan sorprenents com la del Pinet del restaurant —únic representant del Partit Comunista del País Valencià a Tàrbena—, que el

1986 envià una carta a Gallego, Gerardo Iglesias i Carrillo, convidant-los a celebrar una cimera comunista al poble.

Em queda per aclarir per què l'avi Pinet es va fer bandoler. O almenys —perquè aquest és un món de llegendes— saber quina explicació es dóna. La que trobo en un diari és que, quan feia el servei militar, un sergent maltractà el Pinet, i aquest el matà, diuen que accidentalment. Aleshores, fugí cap a Finestrat, perquè és un terreny on hi ha la serra de Puigcampana amb coves i amagatalls. Sembla que, un dia, un veí va decidir de matar el desertor. Pinet va saber que el veí l'esperava al molí, i quan va arribar-hi, i va sentir el primer tret, Pinet es tirà a terra, com mort. Quan l'altre s'hi acostava per rematar-lo, va treure la pistola i el va matar. «Aleshores es va fer roder.»

Roder és un mot exclusivament valencià, que ve dels temps dels moriscos i no té res a veure amb roda, sinó emb *rotäir*, forma mossàrab del francès *rotier*, «guerrer aventurer, fugitiu de la justícia que s'ha tirat a muntanya». Es parla de roders especialment al sud del País Valencià, i sobretot entre aquestes muntanyes que han estat l'escenari del meu viatge. La gent recorda una colla, coneguda com «els 7 de Tàrbena», de la qual es diu que van robar tots els habitants de Benimassot. Van arribar al poble quan eren a missa, i els feien sortir d'un en un, com si res, els deien que els portessin a les seves respectives cases, robaven el que els semblava i després els tornaven a l'església. No sé si és certa, però és la més extraordinària història de roders.

Torno el volum de fotocòpies a Pinet, i quan m'estic acabant les postres sona pels altaveus del restaurant la Muixeranga d'Algemesí, que avui té la condició d'himne nacional valencià. I després Els Segadors! I quan ja m'alço per pagar i anar-me'n, La Internacional. És la primera vegada que he sopat en un restaurant d'èxit sentint l'himne del proletariat.

El bingo

Si, abans de sopar, a la plaça feia un aire fresc, ara ja és un ventet que molesta i refreda la pell. Els vells han desaparegut. Ara hi ha força joves, uns quants asseguts al costat del portal de l'església, d'altres fent grups a peu dret. Ja ho ha dit, el Mere: «sa sang jove no és el mateix que sa sang vella».

Aquí s'havia de fer el bingo, a les onze, i ja és gairebé l'hora, però a la plaça no sembla que es prepari res. Potser l'han suprimit, pel vent. Si no m'equivoco, l'organitzen els *festers* per recollir diners per a la festa major de l'any vinent, de manera que tenen molts dies per endavant.

Tiro carrer avall, cap a la plaça de Santa Anna, on quan feia sol he contemplat l'amplíssim panorama que, des d'aquesta altura de Tàrbena, rellisca per valls i muntanyes fins a Callosa —on seré demà— i el mar. La nit és negra tota aquesta setmana, no hi ha hagut lluna. S'ha esvaït el perfil de les serres i la profunditat de les fondalades en una foscor compacta, que semblaria una gran paret impenetrable si no fos un fil de llum estirat al capdavall. No sé si és Altea, Benidorm o un altre punt de la costa turística. És una ratlla molt prima i groguenca, que vibra una mica al fons de la massa d'aire que hi ha entre la costa i aquest mirador. És una ratlla que concentra una densitat de vida. Jo estic sol, en aquest balcó de Tàrbena, en Sebastià ha anat a dormir, i el silenci em té atrapat com una teranyina que no puc estripar amb cap gest.

Torno a la plaça, i res no ha canviat. Però em diuen que el bingo es farà, no aquí, sinó dins el bar «As Tarbeners». Hi entro, i ja hi ha força gent. Ocupo una cadira lliure, al costat d'una taula. Compro dos cartons de números. Això trigarà a començar, penso. Va arribant més gent. Els festers, els nois i les noies que munten el bingo, estan una mica atabalats, però la gent no s'impacienta. Els qui arriben es posen a parlar amb els qui ja hi eren. Falten cadires. Cal anar-les a buscar fora d'aquesta sala, en un altre lloc del bar. Quan una senyora entra amb una cadira, des d'una taula li fan que ja s'estrenyeran, que vagi a seure amb ells. Jo no vull anar a dormir tard, almenys he de veure com comença, el bingo. Però la gent no té pressa, és natural, és un divendres d'estiu, i això del bingo és un entreteniment que val la pena d'aprofitar. Algú s'aixeca per anar a dir alguna cosa a uns que són més enllà. L'espai es va atapeïnt i jo m'adono que sóc l'única persona, aquí, que no coneix ningú. No sé què hi faig. I és com si no hi fos, entre tota aquesta gent, no em miren, és com si m'hagués tornat invisible.

Em fa una mica d'angúnia, m'aixecaria, però bé ha de començar un moment o altre, el joc. Aleshores veig que entra la Mariló, l'amable noia de l'Ajuntament, la mestressa de la casa que m'acull. Va amb gent, però m'ha vist, i li agraeixo que em somrigui.

Finalment, la veu d'una de les festeres reclama silenci, «anem a començar», diu. Té una màquina petita que fa sortir les boles. «Onze»... «Trenta-quatre»... «Déneu»... —l'accentuació desorienta un instant, abans de comprendre que és «dinou». Acaba la partida i no he fet ni ratlla ni bingo. Comença la segona, que serà l'última per a mi. «Cinquanta-sis»... «Trenta»... Algú canta ratlla. Van sortint números. Me'n falta un. I surt el 49. Em fa vergonya cridar «bingo!», no ho he cridat mai a la meva vida, i procuro dir-ho discretament però alçant el braç, perquè els festers se n'adonin. Resulta que s'han fet tres bingos alhora, i que el premi es repartirà. En un platet em porten 1.400 pessetes.

Abans que comenci la tercera partida m'alço de la cadira, dic bona nit als de la taula i procuro sortir de la sala dissimuladament.

Al carrer continua bufant un vent fred. Penso que he tingut la sort dels jugadors novells. I m'adono que en la vida m'ha passat exactament el mateix, una mena d'instint m'ha dut, sovint, a aventurar-me en alguna cosa nova, en allò que desconeixia, i sempre m'he sentit premiat.

8.
FINAL: DE TÁRBENA A CALLOSA D'EN SARRIÀ

Descens a Bolulla

Quan en Sebastià i jo baixem, disposats a sortir al carrer, Mariló i la seva mare ja s'han llevat. La mare ens vol preparar un gran esmorzar, però nosaltres li acceptem una fórmula més senzilla, un cafè i un trosset de pastís d'ametlles, casolà. Aconsegueix que ens emportem quatre bresquilles per al camí, i això sí que sempre ens ve de gust, menjar un préssec després d'un esforç una mica dur. Els donem les gràcies per l'hospitalitat, i a la Cristina per havernos cedit la seva cambra.

Amb quatre passes som a la plaça, on no hi ha ningú. Passem per davant del Pinet, que té la porta baixada. Seguint el carrer sortim a la carretera que, voltant per dalt, al peu d'on hi havia el primitiu nucli de Tàrbena, se'n va per l'altra banda de la vall, a mig vessant de la serra del Ferrer, que s'estira de nord a sud. Coromines creu que en aquest *ferrer* es disfressa, en aquestes terres valencianes, el mot aràbic *al-firar* «aplicat a la fugida dels moriscos revoltats i a llur retirada a paratges poc accessibles, per salvar-se de l'expulsió. Sabem, per exemple, que el 1609 tots els de Famorca i Fageca, reunits amb els de la vall de Seta, s'ajuntaren amb els de la d'Alcalà per presentar, junt amb els de Castell de Castells, l'última i sangonent batalla, en què foren destrossats.»

Comencem a resseguir, doncs, una serra que va ser l'escenari d'una fugida, *al-firar*, dramàtica i desgraciada, i per aquest camí també fugim ara nosaltres, però sense que ens empaiti ningú, de les terres altes del viatge, que aquests dies ens han donat no tan sols els millors paisatges sinó un marc de vida que ens semblava allunyadíssim de les nostres referències habituals.

Hem passat pel restaurant La Cantarella, ara solitari i silenciós, sense jeeps expedicionaris, i hem agafat el primer dels revolts del gran descens. En poc més de cinc quilòmetres baixarem tres-cents cinquanta metres, i el primer tram serà especialment pendent. Tàrbena es veu de seguida molt amunt, a l'altra banda de la vall, i des de cada revolt en veiem un perfil diferent, però sempre fa bonic, i ben aviat ens costa de creure que érem allà dalt fa tan poca estona. Barranc avall descobrim que la serra no és homogènia, sinó que s'hi alcen penyals, i a l'extrem d'algun morro agosarat unes cases penjades sobre la vall.

Quan ja hem baixat força, fent giragonses, veig un camp de llimoners, protegits en una raconada, i les primeres plantacions de nesprers. Això és la prova que hem deixat enrere les altures, els ports abruptes, els pobles amagats, i en aquest moment m'adono que és l'última jornada de camí, que el viatge —un nou viatge— és a punt d'acabar-se.

Passat el barranc Negre, la vall de Tàrbena ha perdut el gest de grandiositat i salvatgeria i es fa més ampla i conreable. I passem per Bolulla, l'últim poble per descobrir. El següent ja serà Callosa d'En Sarrià, que fa vuit dies va ser el punt de partida.

Entrem a Bolulla i no veiem ningú. Res no es belluga, no sentim cap remor. Són les deu del matí i sembla un poble tancat. No pas abandonat, al contrari, perquè tot està pintat i net, però no és perceptible cap respiració. A Callosa diuen: «Tot lo món i Bolulla». Com si Bolulla estés fora del món. Quan ho he sabut, he pensat immediatament en el Nandu, pescador de Llançà, gran personatge, que diu sovint una frase semblant: «Aquell va córrer tot el món i Mallorca». «Això és sabut a tot el món i Mallorca, no en trobaràs cap d'igual en tot el món i Mallorca»... Hauré de deixar Bolulla, doncs, i entrar altra vegada al món. A Tàrbena m'havien dit que a Bolulla ja hi viuen més estrangers que gent del poble.

En un carrer veig una pintura mural. Damunt figures simbòliques han escrit aquest text, que té un origen popular: «Bolulla, el dimoni se l'enduia enganxada en una agulla, i com pesava tant la va deixar dins d'un barranc».

Hi ha un bar, al poble, que es diu l'Assut, i on m'agradaria seure cinc minuts, just per estirar les cames, beure aigua fresca i, sobretot, recollir algun petit batec de vida, però és tancat. Tampoc puc entrar a l'església, dedicada a sant Josep, que potser és la primera que, al llarg de tants viatges, honora el meu patró. Hauria estat bé encendre-li una petita llàntia. Què hi farem.

Als afores del poble trobo la primera i l'única persona. Una dona que està a punt d'entrar a casa seva. I abans que s'hi tanqui, com tothom, li dic que he vist el bar tancat, per dir alguna cosa, i em fa saber que més tard l'obriran. Me'n faig càrrec, no obriran pas a les nou, a quarts de deu, per si passa un foraster. Però no podem esperar, abans d'arribar a Callosa volem desviar-nos fins a les fonts de l'Algar. Si no hi anéssim, els callosins no ens ho perdonarien, i, a més, en Sebastià és un gran curiós de les fonts i els paratges silvestres.

Prop de Bolulla veig camps de cereals, uns rostolls que batuts pel sol semblen irradiar a l'aire una dosi suplementària de calor. També, per sort, vora el camí, alguns grups de pins, que fan taques d'ombra coneguda. Hi ha tantes menes d'ombra com menes d'arbres, i no dic que l'ombra del pi sigui la més densa, ni la més refrescant, ni la més flairosa, però per a mi és la més familiar. És l'ombra que sé com és.

Avancem amb el riu de Bolulla al costat, que és un riu que a l'estiu deu fer vacances, o almenys l'aigua està molt amagada. Hi veig canyissars i baladres. Aquesta és la combinació de colors més refinada del secà: el color de palla vella de la terra del barranc, al damunt els poms de flors rosades dels baladres, i el gris, amb un punt de blau, dels claps de roca. Tot lliga, tot es potencia discretament. Si ens fem un llargavista amb una mà tancada com una O davant un ull, i mirem el petit espai que hem aïllat del paisatge, aquells metres terrosos, les flors i la roca s'emmarquen com una pintura delicada i vivíssima. Una pintura que podrem trobar cent vegades, amb els mateixos colors, però mai igual, si ens aturem a mirar el barranc.

Els garrofers ens avisen que el mar ja no és lluny. I els camps de nesprers es fan més compactes. De cop, el brogit de les cigales, intens, intensíssim, a les terres baixes l'estiu és més estiu.

Les fonts de l'Algar

Falta poc més d'un quilòmetre per arribar a Callosa d'En Sarrià, i a l'esquerra hi ha el camí que baixa fins a les fonts de l'Algar.

Algar vol dir «la cova», i segurament n'hi ha al peu de la serra de Bèrnia, que és aquí mateix, però jo em miro la plana que hi ha força més avall d'on som. Des d'aquí baixa el camí i, si no una cova, l'esplanada sembla una cassola que deu estar molt escalfada. És cert que hi ha una sorprenent verdor. L'aigua del riu s'ha fet servir des de sempre per regar aquest terreny, més pla i més extens que cap altre, segurament, dels voltants de Callosa. Hi ha grups d'arbres de ribera i també plantacions intensives de fruiters. Un lloc bonic de mirar, però baixar-hi em fa una certa mandra, perquè el desnivell és fort i caldrà, després, refer el camí de pujada, i ja hem fet una bona tirada des de les altures de Tàrbena. I allà baix estic segur que passarem la calor que no hem patit fins ara. Però les meves reserves no tenen gaire sentit, me n'adono, després d'haver pujat el port de Confrides, el barranc de Penàguila, el coll de Bijauca... Deu ser que, tan a prop ja de Callosa, de la fi del viatge, la marrada cap a les fonts de l'Algar em sembla un entrebanc. Potser se'm podria aplicar aquella dita tan graciosament expressiva: «Pareix la delicà de Gandia, que amb una flor de xasmí li trencaren el cap»...

Em decideixo i comencem a baixar. I de seguida noto una cosa estranya: ens passen cotxes. No paren de passar-ne. N'hem trobat poquíssims, aquesta setmana, i ara gairebé fan cua baixant per aquesta carretereta cap a les fonts de l'Algar. I ara entenc la informació que vaig llegir en un diari, a Castell de Castells: «Callosa augmenta el pressupost destinat a turisme de 26 a 109 milions. S'ha firmat un acord amb el Patronat de Turisme per finançar els projectes a les Fonts de l'Algar. S'ampliarà la zona d'acampada. S'instal·laran semàfors a la via d'accés a l'aparcament d'autobusos. El camí és massa estret perquè hi passin dos vehicles a la vegada».

S'acaba la baixada i entrem en la part plana de la vall, coberta de verd, sobretot de noguers i de llimoners. Vora la carretera que travessa la plana s'han edificat algunes cases i casetes que semblen d'estiueig, però n'hi ha que, potser, pertanyen a les plantacions de fruiters. I també hi ha restaurants, de grans dimensions. Continuen arribant cotxes, i ja hem passat dos aparcaments plens. Dels cotxes baixen homes, dones i criatures vestits de banyistes. No m'esperava res de tot això. És una sensació d'estranyesa, com si part de dins del cap, em projectessin una pel·lícula, un documental de l'actualitat estiuenca —que m'impedís veure la realitat. I és que la realitat continua essent per a mi allò que m'ha envoltat, fins fa un quart d'hora, durant vuit dies llargs, intensos, allò que he viscut —les cares meditatives, els gestos lents, el so i el gust que encara conservo de les frases vives, l'ombra dels oms, les places del silenci—, i aquesta baixada a un centre d'atracció turística ha estat massa ràpida, la superposició d'imatges massa sobtada i desconcertant.

Seiem en un bar, a prendre una aigua. Ens la serveix una noia molt activa, que sembla gitana i li diuen Neus. Des de la terrassa es veu passar la gent que se'n va cap als tolls del riu, segons indica un rètol. És una desfilada incessant i sento diverses llengües. Hi ha un fullet desplegable, a tot color, amb un mapa que indica camins, punts d'interès, serveis: *Fonts de l'Algar, Fuentes del Algar, Algar Waterfalls, Die Quellen und Wasserfälle von Algar, Les Sources de l'Algar.* A la part de darrera del bar on som, l'establiment, enorme, té un gran saló restaurant, una piscina blavíssima envoltada de jardineria. En una altra taula del bar seuen tres cambrers del restaurant, i se'ls acosta un home, l'encarregat, que els dóna una notícia: «Vinga, ja us podeu moure, d'aquí a mitja hora n'arribaran quaranta!».

L'Algar és un èxit, aquesta és la realitat que em ve de nou. Callosa en fa una bona promoció, suposo que també als hotels de la costa. De fet, aquest indret hi està a vint minuts, en cotxe. I tant per als valencians d'aquests pobles interiors com per als turistes de platja, l'Algar és un paratge de luxe: l'excepció al secà, per a uns; per als altres, l'excepció a la rutina del mar quiet, de la sorra monòtona, dels hàbits repetits. Perquè hem fet com tothom, hem remuntat el riu per camins laterals, amb escales i replans, passant ponts i per entre túnels d'arbres, la font del Moro, el toll Blau... i el riu que baixa salta, sovint, graons de roca, que a vegades són parets. Hi ha gent que es porta el dinar, hi ha unes instal·lacions de barbacoes. La remor del riu és fresca i variable, el sol entra per les clarianes i il·lumina, com un focus, els estanys que fa l'aigua, on la gent es banya. Hi ha nois que, des d'unes roques més altes, es llencen als tolls, i torno a tenir la sensació de pel·lícula exòtica, però ara sé que hi sóc dins, i en Sebastià em farà una foto, aquí, perquè després no en tingui cap dubte.

El que hi ha

Les fonts de l'Algar, i els arbres, i la gent, han quedat allà baix. Callosa d'En Sarrià ja és, només, a dotze o quinze minuts de carretera. Els turons estan plens de pedaços. No sé de quina matèria deuen ser, aquestes extenses teles sobre les plantacions de nesprers, perquè reflecteixen el sol, brillen com miralls, gairebé tan grans, a vegades, com un camp de futbol. Les nespres són ja l'agricultura competitiva de Callosa.

Un home està construint nous marges a la falda de la serra de Bèrnia, domesticant-la amb estrets i llargs cinturons de pedra. Una pedra de color rogenc, com la llenca de terra que aguanta, com l'aire que sembla encès a la una del migdia. Pujant les últimes costeres a les portes de Callosa, entenc l'expressió del país: fa un sol que brama.

Hi ha algunes cases unifamiliars, als turons que envolten la vila per aquesta banda, que no és per on vaig sortir el primer dia. Podria ser l'entrada en un poble del prelitoral català, si no fos que aquí mateix hi ha la serra d'Almèdia i, al darrere, el vertical mur d'Aitana, la gran serralada mítica del sud valencià.

Callosa, ara que hi torno, em sembla més ciutat que fa vuit dies, quan la referència de Barcelona era, per a mi, encara massa pròxima. Em va passar el mateix a Gandesa, a Tamarit, a l'Alcora... I és que hi arribo portant als ulls, ara, una altra mesura més rural de l'espai, la de les cases baixes, les places petites, les tres persones al carrer, els colors antics.

La carretera de Bolulla acaba a la plaça de les Quatre Cantonades, amb la font al mig, i els ànecs de pedra continuen sense cap. D'aquesta mateixa plaça surt la carretera cap a Guadalest, la veig, és a quatre passes i a molta vida de distància. El cercle s'ha tancat.

Però la font central, muntada sobre una plataforma baixa i circular, sembla esperar que algú li doni una petita empenta per posar-se a rodar. Com un plat de ruleta, com la roda de la fortuna. No ho faré pas. Ni hi tornaré a pujar, com vaig fer el primer dia, en aquest plat de la font. Qui sap si, després de fer-me fer tres o quatre voltes, la font de la plaça de les Quatre Cantonades deixaria de girar en el moment just perquè jo em quedés aturat de cara a la carretera de Guadalest: «T'ha tocat, comença el camí altra vegada!».

La mer, la mer, toujours recommencée, va dir un poeta contemplatiu. La mar potser sí, però els camins no recomencen mai. Els esborrem nosaltres mateixos a cada passa, caminar és aprendre a deixar enrere, acostumar-se a perdre.

A la plaça de les Quatre Cantonades, ara me'n vaig per la cantonada que fa cinc, l'única que no és camí, la cantonada de l'enyorança. M'hi espera sempre per assaltar-me abans de dir adéu. Perquè l'enyorança no neix de l'absència, sinó de la lucidesa. I així que dono l'esquena a la plaça, em tapa els ulls amb les mans i em diu que ja és seu tot allò que encara porto amb mi.

No cal estar-s'hi més, a la plaça de la Font. Al carrer que baixa, ben a prop, hi ha la fonda Galiana. Hi arribem a temps de dinar. Veig la Teresa que porta uns plats a una taula, res no ha canviat. En triem una, de taula, i deixem les motxilles a terra. La Teresa se'ns acosta i diu: «Ja són ací?». Sí, ja som ací. «Tothom esperava que tornessin», diu ella, i no sé què vol dir. Va a buscar una bossa i quan me la dóna explica: «Han vengut uns xics a portar-los uns llibres». El Vicent i la Raquel Beltran, amb els quals vam parlar a Guadalest. «I l'alcalde ha deixat això.» Un sobre amb un saluda, em dóna les gràcies, en un català perfecte, per haver volgut passar uns quants dies en aquestes terres. I un paquet d'herbes remeieres de Callosa i uns pots de nespres confitades. La Teresa m'explica que quan ja havíem començat la caminada, l'alcalde li va dir: «Però vostè no ho sabia, que era un escriptor? No el va conèixer?». «Jo, pobra de mi...»

Em sembla que la Teresa té la impressió que tot això ho han complicat massa, i deu ser cosa d'un noi que em va conèixer aquell dia per la finestra, diu. Sí, una mica exagerat, tot plegat, perquè: «L'alcalde m'ha preguntat què els havia donat, per menjar, si els havia donat coses típiques». Fa una pausa, com per convèncer-se de l'absurditat de la pregunta, i m'explica: «I jo li he dit que els havia donat el que hi havia».

És clar, dona. No pateixi, jo també faig com vostè. Vostè a la taula i jo al llibre, tots hi portem el que hi ha.

ÍNDEX

PRÒLEG 7

PRELUDI A CALLOSA D'EN SARRIÀ 13
Arribada i fonda 13
Passeig fins al Calvari 16
Moros, cristians i injúries 20
La festa que m'estova 22

1. DE CALLOSA D'EN SARRIÀ
A BENIMANTELL 27
Les passejadores 27
Camí de Guadalest 29
L'explosió d'un poble 32
Pujada al Trestellador 35
Vespre a Benimantell 37
Retorn al niu 40

2. DE BENIMANTELL A CONFRIDES 43
Soledat amunt 43
Arribada a Confrides 46
Sota el noguer 50
S'acosta el final de la partida... 54
Un zoo a la fonda 57

3. DE CONFRIDES A BENILLOBA 61
Al llom de la balena 61
Baixada cap a Ares 62
Benasau 65
Penàguila 66
Error a Benilloba 70
Passeig de foraster 72
Dins les cases 75

4. DE BENILLOBA A BALONES 77
Pas per Gorga 77
Billeneta i l'*apellido* 81
A Balones, per dalt 83
«T'estime, Balones» 85
La vida és barreja 88
Altres temps 90
L'atracció de la Serrella 91
El balcó de Seta 96

5. DE BALONES A FAGECA 101
Aigua de segles 101
Quatretondeta i el guàrdia 103
El fill il·lustre 107
Petita trampa abans de Fageca 110
La casa de la glòria 111
Sobretaula d'estiu 113
Teixir la conversa 115
Passeig al vespre 119
Records sota l'om 120

6. DE FAGECA
A CASTELL DE CASTELLS 123
Paisatge i paraules 123
Entre Famorca i Castells 125
El Bigot Vell 129
Noms per sempre 131
Fa un any just 134
Abans i ara 136
El joc dels carrers 138
La dona de l'església 141
Bona nit, Castells 145

7. DE CASTELL DE CASTELLS
A TÀRBENA 147
Sensació de llunyania 147
La sorpresa del pla d'Aialt 149
«Si fóssim uns...» 152
Acceptats a Tàrbena 154
Amb jeep és més aventura 157
Notes de Tàrbena 160
Traspàs de cadires 163
Mere, als anys 30 165
El món d'en Pinet 168
El bingo 173

8. FINAL: DE TÀRBENA
A CALLOSA D'EN SARRIÀ 177
Descens a Bolulla 177
Les Fonts de l'Algar 181
El que hi ha 184